KB141491

제조 서비스화 전략

PRODUCTION

또 하나의 새로운 비즈니스 모델
새로운 제품·서비스 유형 창조

제조
서비스화
전략

SERVITIZATION STRATEGY

한스컨텐츠

또 하나의 새로운 비즈니스 모델
제조 서비스화

왜 시장의 주도권을 갖고 있던 기존 기업이 신규 진입자에게 '대체'되는 것일까? 기술 개발 속도, 제품 수명주기 단축, 고객 욕구의 빠른 변화와 다양화 등으로 기존 제품의 가치 창출 기회가 점점 감소하고 있으며 가치 획득은 더욱 절실해지고 복합적인 사회 환경이 만들어지고 있다.

성공으로 향하는 길은 각 사업별로 차이가 있지만 분명한 것은 열린 기회를 최대한 활용하려면 새로운 방식으로 생각하고 접근해야 한다는 사실이다. 가장 유망한 비즈니스 모델에 집중하고, 타인의 역량을 최대한 활용할 방법을 찾으며 새롭게 떠오르는 사업 방식과 특징이 있으면 도입 가능성을 꼭 확인해봐야 한다.

확인할 사항 중에 소비자 수요의 변화에 대응해 제품 가치의 변화가 최근 시장에서 인기가 점점 높아가고 있다. 평범한 제품이 사용 방법의 진화, 서비스 방법과 내용 추가, 기술 추가, 기능 보완과 변화 등으로 점점 제품(서비스)이 소비자의 선호도가 높아지고 있는 것이다(IoT 장착, 인공지능 설치 등).

동시에 소비자가 제품을 보고 사용하는 방식도 변화해 제품의 가치를 결정하는 요인과 기업의 가치를 획득하는 방식이 새롭게 정립되고 있다. 제품 자체는 얼마나 가치를 가지게 되는가, 제조 기업은 어떠한 선택을 할 수 있는가? 발명된 기술로 만들어진 제품(서비스)이나 새로운 사업 방법을 이용해 만들어진 제품(서비스)의 진화는 제조업체에 다양한 도전 과제를 제시한다.

제조업체가 비즈니스 모델을 재정립하고 서비스와 결합을 통해 제품(서비스)의 속성을 새롭게 정립할 수 있는 기회는 아직 많다.

제품의 제조와 판매만으로 가치를 창출하는 개념은 구시대 유물이 되고 제품(서비스) 속성의 변화가 가치 창출에서도 변화를 일으키고 있다. 앞으로의 가치는 편리성, 안정성, 편안함, 스피드, 다양성 등 다양하게 창출될 것이다.

최근의 산업 시대를 디지털 혁명 시대라 하는데 이 시대의 가장 큰 특징은 속도와 불확실성이다. 산업 순환주기가 빨라지고 소비자 욕구의 변화 속도가 빠르며 변화 패턴도 더욱 다양화되면서 시장 변화가 급속하게 진행되고 있다. 그래서 이의 적응에 따라 기업의 부침도 극심해지고 미래에 대한 불확실성도 커지고 있다. 과거처럼 1등을 따라가는 벤치마킹으로는 변화의 속도를 따라잡을 수 없고, 현재의 1등이 내일의 1등 자리를 유지한다는 보장도 없다.

기업과 조직도 일정 수준의 변화에는 모두 적응력을 가지고 있지

[그림 0-1] 제조·제품 서비스화 구분

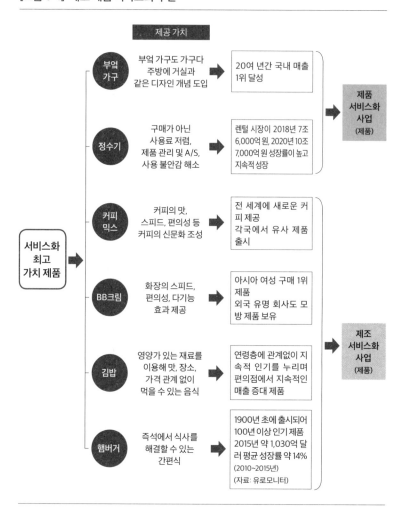

제공 가치

부엌 가구 — 부엌 가구도 가구다 주방에 거실과 같은 디자인 개념 도입 ▶ 20여 년간 국내 매출 1위 달성

정수기 — 구매가 아닌 사용료 저렴, 제품 관리 및 A/S, 사용 불안감 해소 ▶ 렌털 시장이 2018년 7조 6,000억 원, 2020년 10조 7,000억 원 성장률이 높고 지속적 성장

→ 제품 서비스화 사업 (제품)

서비스화 최고 가치 제품

커피 믹스 — 커피의 맛, 스피드, 편의성 등 커피의 신문화 조성 ▶ 전 세계에 새로운 커피 제공 각국에서 유사 제품 출시

BB크림 — 화장의 스피드, 편의성, 다기능 효과 제공 ▶ 아시아 여성 구매 1위 제품 외국 유명 회사도 모방 제품 보유

김밥 — 영양가 있는 재료를 이용해 맛, 장소, 가격 관계 없이 먹을 수 있는 음식 ▶ 연령층에 관계없이 지속적 인기를 누리며 편의점에서 지속적인 매출 증대 제품

→ 제조 서비스화 사업 (제품)

햄버거 — 즉석에서 식사를 해결할 수 있는 간편식 ▶ 1900년 초에 출시되어 100년 이상 인기 제품 2015년 약 1,030억 달러 평균 성장률 약 14% (2010~2015년) (자료: 유로모니터)

만 디지털 혁명처럼 급속한 변화의 특이점, 변곡점을 맞은 상황에서는 적응이 쉽지 않다. 특히 기존 시장의 질서에서 경쟁력 우위를 확보하도록 구성된 기존 전략과 사업 방법이 현 시장에서 적응력을 떨어뜨릴 수도 있다. 디지털 시대의 도래 및 소비자의 생활 변화는 시장에서 새로운 가치 창출을 통한 경쟁의 새로운 질서를 요구하고 있으며, 현재의 상황이 장애물로 작용할 수도 있다. 나아가 신 비즈니스 모델로 무장한 신생 기업이 나타나서 더욱 시장 유지를 어렵게 만들고 있어 이에 대한 대책이 절실한 시기다.

따라서 기업은 새로운 가치 창출 영역을 찾아야 한다. 가치 창출 영역이 판매 시점에서 발생하는 상황에 한정하지 않고 사업 활동과 비즈니스 모델 전반(제품 기획 및 연구개발, 제품 판매 시 소비자의 욕구에 적합한 가치 등)으로 확장시켜 제품 판매의 고민이 아닌 소비자가 제품 사용을 통해 얻을 수 있는 가치를 창출시켜 소비자가 스스로 찾는 제품(서비스)으로 발전해 기업이 어떤 가치를 어떻게 제공해야 할 것인지 고민을 해야 한다.

- 소비자가 실제 원하는 욕구는 무엇인가? 잠재 욕구에 적합한 가치 제공인가, 미충족 욕구를 만족시켜줄 수 있는 가치를 제공하는 것인가?
- 새롭게 부상하는 도구, 기술, 플랫폼을 어떻게 활용할 수 있는가?
- 타 산업의 기업에서 회사는 무엇을 배울 수 있는가?

- 미래의 제조업 환경에서 기업은 수익성 있고 지속 가능한 역할을 어디서 확보해야 하는가?

기업 성장에 가장 많이 사용하는 사업 방법으로는 가치 이동과 수요 혁신이란 두 가지 방법이 있다. 가치 이동은 고객이 원하는 가치를 찾아 이를 제공해 매출을 증대시키는 것이며, 수요 혁신은 고객에게 필요한 가치를 개발·제공해 매출 증대를 이루는 것이다.

최근에 많이 사용되는 방법으로 배달과 렌털이 있다. 일반적으로 배달이 안 되는 구매를 꺼린다. 이미 고객의 욕구는 배달이 되어야 하는데 이를 못 하면 고객은 배달되는 기업에서 구매한다. 이제는 배달 전문 회사가 별도 배달 사업으로 정착해 배달은 제공되는 하나의 가치가 되었다. 이와 같이 새로운 고객 욕구(가치)에 적응해 성장하는 사업들에는 영화관, 커피숍, 화장품숍 등이 있는데 여러 가지 맛 중에 매운맛을 원하는 시장을 찾아 그 시장에 진출함으로써 매운 닭갈비, 매운 갈비 등으로 새로운 매출을 증대시키는 방법도 이에 포함된다.

효용성 있는 특징을 갖춘 제품이나 사용 방법을 제시, 구매를 자극해 매출을 증대시키는 수요 혁신은 렌털, 리스, 무료 교환, 추가 서비스 제공, 필요 기능 장착 제품 등의 방법이 이에 포함된다. 기계 판매 시 가격이 낮은 것보다 구매 회사의 생산성을 높여줘 구매 금액 대비 이익을 더 많이 발생하게 해 구매자의 새로운 수요를 충족시켜줘 판매를 증대시키는 것도 이에 속한다.

가치 이동은 고객이 원하는 가치가 어떻게 이동, 변화하는지를 찾는 것과 이에 대응하는 전략이 매우 중요하고 수요 혁신은 고객의 미충족 욕구를 파악하는 데 게을리하지 말아야 한다. 가치 이동은 기존 시장에서의 틈새시장에 진입해 매출을 증대시키는 것이 많으며 수요 혁신은 시장을 새로 창출하는 효과도 있다.

이 두 방법은 어떤 제품 서비스이든 활용이 가능하나 일반적으로 가치 이동은 소비재에, 수요 혁신은 산업재의 시장 창출 및 확대 방법에 많이 적용된다. 또한 이 두 가지 방법은 모두 공통점을 가지고 있는데 대부분의 회사 중 시장에서 열세에 있던 기업이 신시장 창출 또는 틈새시장에서 인상적인 신규 매출과 이윤의 성장을 이뤄냈다는 점이다. 또한 제조업의 서비스화는 위 두 방법 중 어디에 속할까? 이는 수요 혁신의 방법 중 하나다. 판매 증대를 위해 고객의 잠재 수요 또는 미충족 욕구를 만족시키기 위해 제공되는 방법이기 때문이다.

소비재, 중간재, 산업재 등 모든 제품·서비스의 기능은 세 가지로 구분되는데 일반적인 기본 기능(1차 기능), 2차 기능, 3차 기능으로 나뉜다. 기본 기능은 제품·서비스 자체의 품질이나 기능을 말하며 이를 고객 입장에서 보면 1차 욕구, 2차 욕구, 3차 욕구로 구분할 수 있다. 그러나 2·3차 욕구는 각 제품의 특징에 따라 사용되거나 선택되고 있는 내용이 다르기 때문에 욕구 구분은 제품에 따라 적합하게 조정하면 될 것이다. 최근에 경쟁되는 2차 욕구는 품질이 좋고 디자인도 좋으며, 사용자가 사용하기 편해야 하고 애프터서비스 등도 신속하고 정확히 되는 것을 말한다.

3차 욕구는 제품·서비스를 사용해 사용 만족도는 만족하나 부가적인 혜택, 즉 편리성, 편안함, 즐거움, 운용비 절감, 생산성 증대, 업무 단계 축소, 내구성의 연장 등을 말하는데 이것이 최근에는 새로운 혜택의 증가로 제공되어 고객의 만족도를 높이고 있다. 따라서 여러분 회사의 제품이 어느 영역에 속하는지 확인한 후 이에 대한 새로운 자료를 준비해야 한다. 이것이 여러분의 회사가 고객에게 제공하는 문제 해결 방법인 가치, 즉 소비자에게 주는 혜택이다.

윤석철 서울대학교 명예교수는 『프린시피아 매네지멘타』(경문사, 1997)에서 기업의 지속 가능한 경영 모델로 '생존 부등식'을 제시해 왔다.

$$V(느끼는 가치) > P(판매 가격) > C(제조 원가)$$

즉 소비자는 지급한 값보다 가치가 높아야 제품을 구매할 것이고, 기업 역시 제조 원가보다 판매 가격이 높아야 이익을 낼 것이다.

생존 부등식의 출발점은 제조 원가 C가 아니라 소비자가 느끼는 가치 V이다. 기업은 특정 제품을 소비자에게 제공하고 그에 대한 값을 받는 것이 아니라 소비자가 느끼는 가치를 소비자에게 '주고', 반대급부로 이익을 '받아'간다는 것이다. V-P가 그 제품의 혜택이 경쟁력이며, 요즘 흔히 말하는 가성비와 맥이 닿아 있다. 여기서 V에 해당하는 것의 하나가 서비스화다. 고객이 얻는 가치를 말하는 것이다. 즉 가치$_{V:Value}$란 고객이 얻을 수 있는 혜택 또는 이익·만족도를 말하며 최근 고객의 가치 척도는 편리성·가성비·신속성·편안함·비용 및 시간 절감 등을 사용자가 얻을 수 있는 것을 얘기한다.

이와 같이 기본적인 가치를 제공하는 것 외에 추가로 제공하는 가치가 실제 구매를 결정하는 경우가 많다. 이는 소득의 증가와 구매 수준의 변화로 구매 가치가 달라지고 있는 것이다. 제품의 품질은 기본이고 이제는 디자인과 색감, 제공되는 서비스가 좋아야 구매의 우선순위가 된다. 대기업 제품이 아니라 디자인이 좋은 중소기업 제품이 팔리고 있고, 저가 화장품 인기가 계속 상승하고 있다. 고객의 제품·서비스 구매 기준이 제품 품질, 가격 중심에서 실제 혜택을 받을 수 있는 가치 중심으로 변동하고 있는 것이다.

그래서 현재 시장에서 어려운 경쟁 및 수익성이 낮은 제품도 자세히 연구하면 성장하는 제품으로 변신할 수 있으니 경영자의 선택에 달려 있는 것이다. 제품의 기능을 더 넓게 보고 고객의 욕구도 다양하게 생각해 맞춰보면 차별화 요소를 발견할 수 있는데 자사 제품은 안 된다고 생각하거나 귀찮게 여기며 비용이 많이 들 것으로 생각해 영업팀의 의견을 무시하는 경우에 더욱 변신을 어렵게 한다는 것을 명심해야 한다.

이러한 변화는 매우 빠르고 다양하게 나타나고 있어 기업 경영에서 과거의 방식이 아닌 새로운 방식을 필요로 하고 있다. 시장 전략에 대한 내용을 전체적으로 검토할 시기가 도래하고 있는 것이다.

이제는 같은 기술이더라도 디자인이 좋고 사용이 쉽고 보다 효율적이고 성과를 얻을 수 있는 제품이면 구매한다. 따라서 단순히 1차적인 욕구만 만족시켜서는 판매가 어렵다. 고객이 실제로 원하는 2·3차 욕구를 만족시켜야 한다. 따라서 영업사원도 2·3차 욕구를 만족시킬 수 있도록 능력을 갖춰야 한다.

'제조의 서비스화', '제품의 서비스화', '제조업의 서비스화' 등을 일반적으로 광의의 제조업 서비스화의 3인방이라 한다.

시장의 변화는 빠르고 다양하게 진화되었다. 시장 환경 변화를 감지하지 못한 데는 여러 이유가 있겠지만 대부분 회사의 여건, 제품의 특징, 경영자 및 종업원의 사고방식 등으로 해당 회사와는 관계가 없다고 생각했든가, 시장을 잘 몰랐든가, 아니면 제도나 관습으로 변하기가 어렵거나 등으로 시장 변화에 대한 대처가 없었거나 늦으면 시장 경쟁에서 열세에 놓이게 되는 경우를 종종 보아왔다.

중소기업이 렌털 시스템을 도입한다면 다음과 같을 것이다. 첫째,

제품 제조 생산비를 투입한 다음 렌털을 하니 초기 생산비가 많이 투입될 것이다. 둘째, 영업 조직과 방문 인원을 새로 채용하니 예산과 관리 시스템을 새로 도입할 필요가 있을 것이다. 셋째, 실제 관리 시 발생하는 다양한 고객 불만 사항을 처리해줘야 할 것이다.

이 세 가지만 하더라도 재무, 기획 및 기존 영업사원이 이 시스템을 도입하는 데 찬성을 할까? 중소기업이 도입하기에 어려운 사항이 많을 것이다. 그러나 제조의 서비스화를 도입해 많은 회사가 성장을 하고 시장 점유를 확대하고 있으니 이의 도입은 어려운 시장 여건을 탈피하는 지름길이 될 수 있다. 그러면 어떻게 해야 할까?

우선 고객을 이해하는 데 가능한 많은 시간을 할애해야 한다. 아니 경영자의 시간을 모두 사용해도 과하지 않다는 것을 기억해야 한다. 고객과 대화를 통해 고객이 진정으로 좋아하는 것, 실제 고충에 대해 해결할 수 있는 방법을 확인할 수 있다. 고객이 구매한 것과 진정으로 원하는 것 사이에 있는 어떤 격차를 확인할 수 있고 이 격차를 줄이기 위한 노력을 해야 한다. 이 격차가 없어지면 가장 이상적인 제품이 탄생한다.

최근 이에 적합한 방법 중 가장 많이 사용하고 성과를 얻을 수 있는 방법, 고객이 제품을 사용하지만 고객의 시간과 비용을 낭비하게 하는 내용이 포함돼 있든가(제품 개발 시에는 모를 수도 있을 것이다), 알아보기 어려운 안내와 설명을 이야기하든가, 불필요한 요소를 포함하고 있든가 등 고객이 짜증을 일으키는 크고 작은 결함들을 지니고 있다. 또는 고객이 단순한 기능을 원하면서 더 많은 선택을 바라든지, 품질을 중요시하면서도 가격이 저렴한 것을 찾든지, 자동화를 원하면서 고객 자신에게 적합한 것을 찾든지 원하는 욕구가 다양하다. 이를 충족시켜주기 위해 제공하는 것이 서비스화다.

지금 회사 내의 핵심 및 초급 사원과 같이 허물없는 토의를 먼저 시작해야 한다. 우리는 항상 SWOT 및 포지셔닝, 포트폴리오 분석, STP 분석, 비즈니스 모델 및 전략 캔버스 분석, 아이디어 창출 및 평가, 서비스 통합 모델 등 전략을 수립할 때 사용되는 기법을 사용해오고 있다. 나아가 진단, 평가 등의 방법을 추가해 성과를 파악하기도 한다.

제조업 서비스화는 이와 같이 복잡한 절차를 거쳐서 만들어지는 것이 아니다. 회사의 사업 환경, 경쟁 현황, 고객 동향, 시장 트렌드를 정확히 파악하면 정확한 서비스화, 즉 회사 또는 제품에 적합한 방법을 개발·활용할 수 있다.

회사의 마케팅·영업·기획·제조팀과 같이 고객의 제품 사용 시 불만 사항, 미충족 욕구, 시간과 활동의 어려움으로 나타나는 생활의 고충 등을 해소시키는 노력을 한다면 좋은 방법이 창출되고 서비스화는 그대로 실행되는 것이다. 무지 바빠서 시간을 할애하기 어려운 고객에게는 배달 또는 정비사를 파견해주면 되고 사용이 어려우면 직접 장착, 가동을 해줘 사용하게 하고 비싼 제품을 할부나 렌털로 빌려주면 되는 것이다. 또 크기가 크면 잘라서 팔면 되는 것으로서 서비스화는 기존 사고와 방법을 넘어서 새로운 사고의 전환이 가장 필요하다.

그런데 신상품 개발, 전략 수립, 서비스 모델 등을 설명한다고 해서 용어 등을 어렵게 하면 실제 기업에서는 활용이 쉽지 않고 사례도 발생하지 않는다. 좀 더 고객 중심으로 생각하면 쉽게 해결될 문제인 것이다.

10년이나 5년 전에 비해 제품의 변화는 거의 없는데 유사 제품, 가격이 낮은 제품, 보다 차별화된 제품이 시장에 등장하고 고객은 신제품, 새로운 가치를 찾고 있으니 일반 제품들이 판매가 부진하거나 적자가 발생하는 현상이 나타나고 있다. 현재 많은 제조회사가 이런 현상에 직면하고 있다.

우리나라도 이제는 저성장 시대로 진입하고 있다. 아니면 경기 거품이 빠지는 현상으로 볼 수도 있다. 여하튼 과거의 성장과 이익을 바란다면 현 상태로 있을 경우에는 달성하기 어려워지고 있다는 점이 중요하다. 이것은 유사한 경쟁 회사가 많이 나타나고 제품의 차별성이 없어지고 고객 욕구 변화에 대한 해당 회사 제품의 적응력이 낮아져 나타난 현상이다.

또 어떤 산업은 시장 자체가 축소된 경우도 있다. 시장이 축소되고 있는데 제품의 차별성도 적고 생산량은 변함이 없고 경쟁 제품만 많으니 당연히 시장에서 가격이 하락해 출혈 판매도 나타나고 있다. 이제 새로운 경영 방법, 전략이 필요한 시대가 도래한 것이다. 기존의 경영 사이클과 방식으로는 해결이 어렵다.

제조업의 서비스화에서는 용어에 대한 정확한 개념 이해와 제조업 서비스화 영역을 정확히 이해해야 실제 서비스화 전략 수립의 정확한 방향을 파악할 수 있다. 이 책에서는 개념의 혼동이 있을 수 있어 이를 정확히 이해하고 활용하기 위해 다양한 사례를 제시하고 있다.

서비스화 방법의 결정과 실천에서 실천 가능성에 대한 점검을 해야 한다. 정수기나 비행기 엔진처럼 렌털 사업을 할 경우 제조된 제품을 빌려주는 것이므로 제조비용을 먼저 투자해야 하는 문제가 발생할 수 있는데 이는 회사의 자금 사정과 관계가 있다. 또는 제품의 생산성·효율성 등의 증명은 영업사원의 세심한 설명과 지속적인 정보 교환이 구매자와 이뤄져야 하는데 이때는 영업사원의 역할 변신이 필요하므로 이에 대한 가능성 여부를 점검해야 한다.

즉 서비스화 방법과 제도가 결정되었다 하더라도 회사의 의지, 제도, 실천 행동에 따라 성공 여부가 결정되는 것이다. 따라서 종업원과 영업사원에 대한 교육 및 실천 방법을 정교하게 준비해야 한다. 대부분 사업 전략은 잘 만드나 실행에서 조직 구성원의 협조와 노력 부족으로 실패하는 사례가 적지 않다. 노력을 하지 않는 회사가 아주 많다는 얘기다. 또는 자기 분야가 아니라고도 한다. 노력도 하지 않고 자기 회사에 맞지 않는 것이라고도 한다. 이것은 전략과 실행 방법이 맞지 않는 것이다. 성과가 없거나 낮다 등으로 전가시켜 발생한다는 것(일종의 현업의 저항?)일 수 있으므로 이에 대한 충분한 검토가 필요하다.

이때 제조업의 사업이 서비스화로 변신을 하더라도 모양·성분·디자인 등은 쉽게 변화될 수 있으나 해당 기업 종업원의 행동이나 운영 방법 등은 개선되더라도 꾸준히 실행을 하지 않아 예전으로 돌아간다는 것이 가장 문제다. 이는 매뉴얼 보급과 교육, 현장 체험 등으로 바뀔 수 있다. 기업의 서비스화가 안 되거나 실패하는 가장 큰 이유다.

따라서 제조업 서비스화를 시행할 때 실제 회사의 움직임이 이뤄지지 않으면 사업화 보고서는 책장에 꽂혀 있는 전시용밖에 되지 않기 때문에 이를 깊이 있게 다룬다면 여러분의 회사와 관련 관계자의 활동에 대한 성과가 훨씬 증대될 것으로 확신한다. 특히 중소기업은 인력·자금·시간 때문에 개발이 어렵기도 하고 개발해도 시행하기 어려운 것이 대부분이다.

이 책에서는 중소기업 내에서 자체적으로 서비스화 방법을 발견, 활용할 수 있도록 자세히 다룰 것이다. 단 한 가지 회사의 생각, 즉 조직 구성원의 의지가 필요하다. 이것이 부족하면 개발이 어렵고 실행 시 실패율도 높다. 특히 과거의 개발 및 영업 방식, 과거의 성공 요인의 집착, 자금 및 인력, 시간 문제를 이용해 현 상황에 안주

하려는 생각을 떨쳐버리지 않으면 성공은 보장될 수 없다.

제조, 제품 서비스화 등 사업 설계 재창조 전략은 고객 중심적 사고가 가장 중요하다. 고객 중심적 사고는 시장조사 결과 보고서 분석도 중요하지만 고객과의 대화를 통해 가장 많이 발전할 수 있어 시장의 소리를 청취 시간에 비례해 매출이 증대된다.

고객 중심적 사고가 어려운 이유는 다음과 같다. 첫째, 20년 이상 경력의 상위 경영층은 제품 중심의 세계에서 훈련을 받아왔기 때문에 고객보다는 제품을 더 강조하므로 시장 중심, 가치 중심의 훈련이 필요하다.

둘째, 과거 기업 성공 현상은 현실 파악에 무딘 경우가 많다. 현실 이야기를 하면 과거 성공 사례 때문에 회사 내에서 무시되는 사례가 있어 고객 중심적 사고를 조성하는 것이 어렵다.

셋째, 제조회사가 시장 변화에 제대로 정확히 적응할 수 있는 가치 이동과 수요 혁신의 다른 방법들을 이해해야 하는 데 이것이 단기간에 어렵기 때문에 해야 한다. 경영자의 경영 혁신에 시야를 조금이라도 넓혀보는 데 도움이 되도록 할 것이다.

철판을 필요한 만큼 잘라 판다, 주택을 1개월 내에 지어준다, 복사기·정수기를 빌려서 쓴다는 등 실제 제공하는 제품에 고객이 필요한 서비스를 추가해 같이 판매하는 방법이다. 휘발유·시멘트·페인트가 1리터, 1킬로그램 등으로 포장되어 편의점이나 마트에서 판매된다면 고객은 어떻게 생각할까? 편리할까? 아직 출시되지 않았으니 모르겠지만 인기가 있을 것으로 생각한다.

철판·복사기가 고객의 편리성 중심으로 판매 방법을 바꾸었고 비행기 엔진도 빌려 쓰는 시대가 되었다. 이와 같이 서비스화는 고객 편의성 중심의 최적 방법을 제시해 만족도를 높여 판매를 증대시키는 것이다. 엔진·복사기 등 구매비가 높은 것은 초기 구매비를 경감시켜주고 수리를 적시에 해주며 사용비도 낮으니 소비자는 편리한 시대가 되었다. 휘발유·시멘트가 적은 양으로 편의점에서 판매되어 소비자가 원하는 양과 가격으로 직접 구매, 사용한다면 더욱 편리할 것이다. 서비스화는 제품의 활용 가치를 높이기 위해 다른 사업 방식을 고객 편의 중심으로 변환시켜 시장을 장악하는 마케팅 방법 중 하나다.

휘발유를 편의점이나 인터넷 판매를 통해 배달을 해준다면 어떻겠는가? 고객이 불편하게 주유소에 갈 필요가 없어 생활의 편리성이 더 높아질 수 있다. 그러나 유류 제조회사들은 소량 주입 시설을 갖추어야 할 것이다. 편의점이나 인터넷 판매 담당 영업사원 또한 필요할 것이다. 결제 시스템도 바뀌어야 할 것이다.

생각해보면 이런 사항들이 변할 것이다. 그러니 제조회사의 제도, 시스템, 생산 시설, 배송 시스템 등 바꾸어야 할 것이 많다. 유류회사는 제조의 서비스화가 어려울 것이다. 즉 제조의 서비스화가 필요한 것이고 당연히 가야 할 길이지만 실제로 새로 법과 제도를 바꾸든가 제조·판매 방식을 제조업 위주가 아닌 고객 중심으로 바꾸어야 할 사항이 너무 많은 것이다.

그러나 우리 사회와 정부는 그렇게 하라고 추천한다. 그리고 그 방향으로 이끌어가려 한다. 따라갈 회사나 사람은 아직 준비도 안 되었는데 따라가면 되는 것인 줄 알고 실제로 되지 않으면 도입 방법이 잘못 되었다고 한다. 이런 경우 정착도 못 하고 안 되는 방법으로 평가해 아예 시장 도입을 못 하는 경우도 발생할 수 있다. 도입 방법의 개념을 충분히 이해도 못 하고 실천하는 방법도 잘 모르면서 결과를 평가한다.

특히 제조업의 서비스화는 이끌어 강요해서 되는 것이 아니다. 기업이 필요성을 느끼고 하고자 하는 마음을 가진 다음 실제 할 수 있는지 검토한 후 도입, 실행하는 것이다. 이때 가장 중요한 것은 최고경영자의 의지이고 그다음이 종업원의 변화다. 종업원이 제대로 실천을 해야 한다. 이들이 변하지 않으면 전략은 실패로 돌아간다. 처음에는 하려는 행동을 하다가 다시 원상태로 돌아가는 경우도 종종 있으니 경영자의 지속적인 독려와 종업원의 하려는 의지가 우선이다. 도입 기업의 많은 노력과 협동이 필요한 것이다.

두 번째는 우리나라 기업이 변신을 매우 어렵게 생각한다는 점이다. 또 변신할 수 있는 구조를 가지고 있지 않는 경우가 많다. 특히 종업원의 사고방식에서 말이다. 전체적인 어려움에 대한 이해가 늦고 또 어렵더라도 자기 회사는 곧 나아질 것으로 생각하기도 한다. 그다음은 현재 문제가 있는 것이지, 얼마 전까지 경영이 잘 되었기 때문에 조금 지나면 다시 예전 같은 상황이 도래할 것이라고 생각한다. 그러니 변신 기회를 놓치는 경우가 종종 발생한다.

세 번째는 서비스화를 도입하려 해도 도입이 가능한 것인지, 자기 회사에 맞는 것인지, 어떻게 해야 도입이 잘 되는 것인지 의구심을 갖는데 이를 해결할 수 있는 방법이 별로 없어 도입을 주저하거나 아예 생각하지 않는다는 것이다.

이상의 방법은 회사, 특히 중소기업이 새로운 것을 도입할 때 항상 나타나는 현상이다. 따라서 기업에서 도입하기 쉽도록 필요한 회사의 상태에 대한 점검, 도입 시 도입 방법, 도입 후 해야 할 일, 종업원의 역할 등을 포함한 제도의 변화 등을 갖출 수 있도록 해야 한다. 이를 위해 제조업 서비스화의 내용을 정확히 이해하고, 서비스화 도입이 가능한지 회사의 여건을 파악하는 방법, 실제 도입해 성공한 사례들을 통해 서비스화 도입 가능성 및 활용 방법을 검토해보며 마지막으로 실제 도입에 대한 사례를 연습해볼 수 있는 방법을 제시한다.

마지막으로 항상 출판에 최선의 노력을 해주시는 최준석 대표에게 감사드린다.

차례

PRODUCTION

1장

제조 서비스화란 무엇인가

SERVITIZATION STRATEGY

제조 서비스화의
필요성

휘발유를 2리터, 3리터 단위로 나누어 팔 수 있을까? 또는 배달을 하면 어떨까? 인터넷 서점에서 구매할 책을 5~10분 정도 읽어보고 구매하면 더 잘 팔릴까? 철판, 시멘트 등을 고객이 필요한 만큼 주문하면 구매할 수 있을까? 벽지 회사가 벽지 규격 주문과 도배를 같이 해주면 어떻게 될까? 오토바이 주문 제작은? 가구 회사에서 구매한 가구의 수리 서비스를 제공한다면?

제조업체가 서비스로 눈을 돌리는 가장 중요한 이유는 제품 생산만으로는 갈수록 경쟁력이 부족해 성장을 지속하기 어렵기 때문이다. 핵심 제품 시장의 포화에 따라 경쟁이 매우 치열해지고 고객에게 새로운 가치를 제공하지 못하는 기업은 생존 자체가 불투명해지고 있다. 더욱이 최근 불황으로 내수 시장의 감소가 지속되어 경쟁이 더욱 격화되고 있는 것이다. 이제는 발명품보다 사업 방법의 개선을 통한 매출, 이익 증대가 대다수다. 발명은 어렵고 시간과 투자액이 상당히 투입되기 때문이다.

서비스화도 사업 방법의 하나다. 따라서 트렌드와 변화 흐름에 적합한 대응 방법을 제시하는 것이지 아무 때나 되는 것이 아니다. 예전에는 배달을 해준다고 하면 가격이 높아질까 봐 거절을 했다. 지금은 배달을 안 해주면 고정 고객을 만들기 어렵다. 사회 흐름과 고객의 생각이 변하고 있거나 진화하기 때문에 기업은 환경 변화에 적응할 수 있는 변신이 필요한 것이다. 또 다른 기업, 다른 사람이 하고 있는 방법이라고 해서 도입이 되고 실천이 되는 것은 아니다. 스스로 창조해서 실현할 수 있다.

서비스화의 기본 목적은 고객에게 더욱 필요한 혜택을 제공해 제품이나 서비스의 매출을 증대시키는 것이다. 어떤 방법이든 고객의 만족도를 높여야 하며 이를 위해 제공되는 서비스는 다양해야 한다. 만약 서비스화를 통해 매출 및 이익 증대에 공헌하지 못한다면 이는 서비스화를 이룬 것이 아니다.

만약 최근 첨단 기술을 장착해 서비스화를 이루는데 이 첨단 기술이 비싸거나 고객의 사용을 더 불편하게 한다면 이는 서비스화가 아니다. 가끔 서비스화를 위해 인공지능AI, 사물인터넷IoT, 빅데이터를 활용하는데 사용비용이 높거나 오히려 작동 미숙으로 불편하게 느낀다면 서비스화가 아닌 것이다. 즉 하지 않는 것이 오히려 낫다는 것이다. 항상 이를 잊으면 안 된다.

서비스화는 회사, 제품의 차원이 아니라 고객에게 제공하는 혜택이 명확해야 한다. 편리성, 비용 절약, 편안함, 시간 절약, 신뢰성 등이 제공되어 명확한 효과를 얻어야 서비스화가 정착되는 것이다.

기업 환경의 변화 요인이 다양해지고 빠르게 진전되고 있다. 4차 산업혁명이 도래하고 있어 IoT, AI 등 기술의 변화가 예상되고 있다. 중소기업에서는 아직 와닿는 단어는 아니지만 친환경화, 에너지 절감, 다기능화, 스마트화로 진전되면서 산업 구분이 없어지고 서로 융합한 비즈니스 모델이 창출되기도 한다. 이렇게 환경은 변하고 있으니 현재 방식대로 사업과 제품을 고수한다면 경쟁 시장에서 사업 유지가 어려운 상황이 될 수 있다.

혁신의 주장이 다양화되면서 실제 혁신을 이룬 경쟁사 또는 유사 제품 제조사들이 시장을 잠식하는 사례가 자주 나타나고 있다. 이러한 혁신이 앞으로 더욱 강하고 다양하게 기업의 경쟁력을 약화시키는 요인이 된다는 것이 가장 우려된다. 즉 경쟁 격화 및 경쟁 프레임 변화, 성장 둔화, 수익성 약화 등이 고착화되는 현상이 지속되므로 이제는 일회성 혁신이 아닌 지속적인 혁신을 해야 생존할 수 있음을 의미한다.

[그림 1-1] 패러다임 전환에 따른 산업 전략의 변화 방향

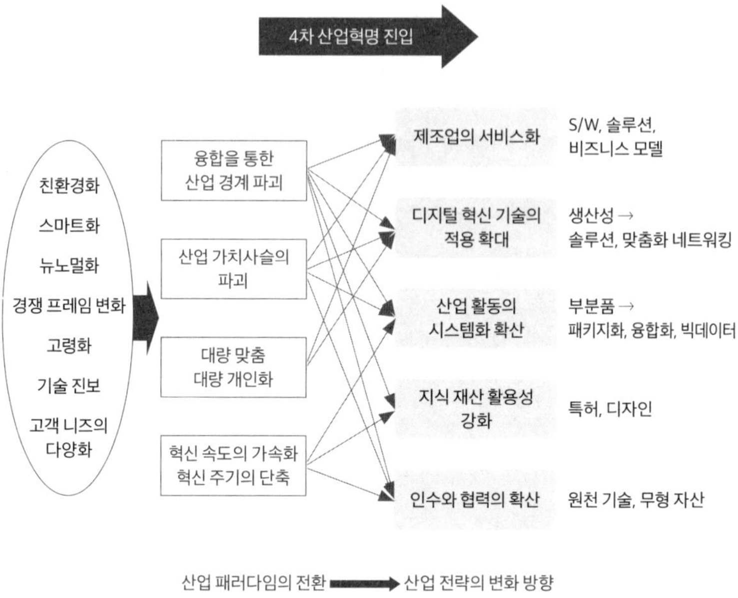

4차 산업혁명 진입

친환경화
스마트화
뉴노멀화
경쟁 프레임 변화
고령화
기술 진보
고객 니즈의
다양화

융합을 통한
산업 경계 파괴

산업 가치사슬의
파괴

대량 맞춤
대량 개인화

혁신 속도의 가속화
혁신 주기의 단축

제조업의 서비스화 　S/W, 솔루션,
비즈니스 모델

디지털 혁신 기술의
적용 확대 　생산성 →
솔루션, 맞춤화 네트워킹

산업 활동의
시스템화 확산 　부분품 →
패키지화, 융합화, 빅데이터

지식 재산 활용성
강화 　특허, 디자인

인수와 협력의 확산 　원천 기술, 무형 자산

산업 패러다임의 전환 ▬▬▶ 산업 전략의 변화 방향

자료: 서동혁, 「산업 패러다임 변화에 따른 미래 제조업의 발전 전략」, 산업연구원. 2015.12.

[그림 1-1]에서 볼 수 있는 것과 같이 산업 패러다임 전환에 따라 제조 활동에서도 변화가 예상된다. 제조업은 서비스화 확산 및 비즈니스 모델의 다양화, 디지털 혁신 기술의 산업 발전 주도, 제품의 시스템화 확대, 지식 재산의 활용 강화, 신기술 확보와 사업 시너지 목적의 인수합병·제휴의 증가 등의 방향으로 변화되고 있다.

미래를 준비함에 있어 산업 환경이 현재보다 매우 빠르게 변할 것이므로 이에 대한 대응이 경쟁력을 결정하는 중요한 역량으로 작

용할 것이라는 점을 주목해야 한다. 산업 환경 변화의 속도 관점에서 본다면 특히 '제품 기능' 관련 선호도 변화, 제품 및 서비스의 기술 변화, 신제품 개발 또는 기존 제품 개선을 위한 기술 예측 어려움 등은 향후 그 속도가 매우 빨라질 것이다. 제품과 연계된 서비스 요구 변화, 다른 제품·서비스와의 융합 관련 선호 변화 등도 그 속도가 현재보다 크게 빨라질 것으로 판단된다.

따라서 미래의 주력 산업으로 부상할 가능성이 큰 산업에서는 산업 환경 변화에 대응할 수 있는 다음과 같은 미래 대응 능력 배양에 역점을 두어야 할 것이다.

- 시장 환경 변화를 인지하고 대응하는 능력의 강화
- 새로운 사업 기회를 포착하는 능력
- 내부 자원 및 역량을 변혁시키는 능력
- 조직 및 기술을 재배치해 내부 자원 효율성을 높이는 역량

국내뿐 아니라 글로벌 시장에서 가치 소비는 대세가 됐다. 가치 소비란 '가격'과 '효용성'을 충분히 고려해 합리적 소비를 하는 것을 말한다. 가격 대비 효용성이 훨씬 큰 '가성비'가 높은 소비가 이 경우에 속한다.

이와 같이 산업 패러다임 전환과 이에 대응하는 제조업의 변화

[그림 1-2] 한국 제조업의 개념 재정립

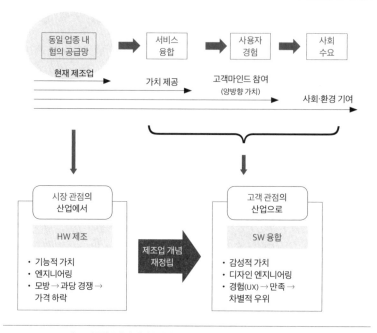

자료: 서동혁, 「산업 패러다임 변화에 따른 미래 제조업의 발전 전략」. 산업연구원. 2015.12.

방향 전망은 앞으로 우리나라 제조업이 무엇을 통해 미래를 준비해야 하는지 방향성을 시사한다. 미래 발전 관점에서는 트렌드 변화에 대한 선제적 대응 역량 강화, 제조업의 개념 재정립 등이 요구된다. [그림 1-2]를 참고하기 바란다.

제조업의 스마트화 성장 경로 전망, 성장 결정 요인의 변화, 기술력과 산업화 능력 예측 등을 토대로 10년 이후의 미래 변화 방향을 포지셔닝해본다. 산업 수준에 따라 글로벌 리더나 틈새시장의 포지선을 어떻게 설정할 것인가는 미래를 준비하는 중요한 전략의 출발점이 될 것이다.

첫째, 미래 초스마트 사회를 준비하기 위해서는 산업의 성장 경로를 가치형 곡선에서 제2차 가치형 곡선으로 이동시키면서 재도약하는 기회를 확보해야 한다.

둘째, 산업 성장을 결정하는 성장 방정식에서도 큰 변화가 발생할 전망이다. 자동차 등 기계 산업군은 지금까지 생산 효율성, 기계 기술, 품질 등이 중요했다면 10년 이후의 경쟁력은 혁신성(고안전, 네트워킹), 편의성, 디자인, 친환경성 등이 변수가 될 것이다. 생산 효율성, 범용 기술, 기능성 등이 현재 성장의 핵심 축이었다면 미래에는 다품종 소량 생산, 기술 차별성, 전문화, 솔루션화 등이 새로운 성장식을 구성할 것이다.

02
제조 서비스화의 목적은 매출·이익 증대다

서비스화 목적은 매출 및 이익 증대다. 그리고 고객에게 더욱 필요한 방법을 제공해 회사 및 제품의 이미지 증대를 부수적으로 얻을 수 있다. 한국 제조업은 내외적으로 심각한 도전에 직면해 있다. 인건비, 원자재 등 원가 부담이 지속적으로 상승하고 있는 가운데 중국 등 후발 국가의 저가 공세를 견뎌야 하는 이중고가 고통스럽기만 하다. 빠른 기술 변화 추세 속에서 경쟁 기업의 기술은 날로 발전하고 있고 까다로워지는 고객의 요구는 끝이 없다.

이러한 제조업이 겪는 어려움은 제조업의 변신을 요구하고 있다. 그 방법 중 하나가 서비스화 추세를 촉진해가는 것이다. 경제 전반에 걸쳐 다양한 영역의 서비스업이 성장하면서 제조업 내에서도 서비스 방법이 다양하게 접목되고 있다. 기업은 제조업 경쟁력 강화를 위해 품질 향상에 못지않게 서비스 기능, 단순히 브랜드·디자인 등의 개선을 넘어 실제 사용에서 나타나는 불만 사항, 불안 요소, 충분히 충족시키지 못한 욕구 등을 찾아 이를 개선하는 구체적인 방법과 기술을 첨가해서 제공하는 것이다.

제조 기업 간 기술 격차가 줄어들고 있다

전자제품, 생활용품, 식품, 건축자재, 유류, 철강재 등 제품의 질의 차이는 별로 없다. 따라서 브랜드, 가격, 이미지, 사용 경험 등이 경쟁이 되고 있는데 최근에는 그 경쟁력이 감소되고 있다. 옷 보관, 다림질, 냄새 제거 등 옷을 관리해주는 제품이 출시되었는데 유명 제품보다 중소기업 제품이 더 인기가 있다.

산업 간의 경계를 넘어 경쟁이 가속화되다

제과점에서는 빵과 케이크를 팔고 커피점에서는 커피를 팔았는데 요즘은 이런 영역을 구분한 것이 거의 없다. 따라서 제품별 판매 비중에 따라 카페 베이커리, 베이커리 카페로 나뉘고 있다. 편의점 초창기에 여러 소매점과 판매 제품을 중심으로 논쟁이 있었으나 지

[그림 1-3] 제조업의 서비스화 패러다임 변화

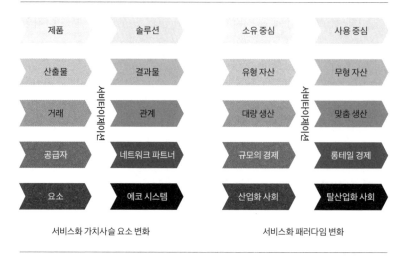

제품	솔루션	소유 중심	사용 중심
산출물	결과물	유형 자산	무형 자산
거래	관계	대량 생산	맞춤 생산
공급자	네트워크 파트너	규모의 경제	롱테일 경제
요소	에코 시스템	산업화 사회	탈산업화 사회

서비스화 가치사슬 요소 변화   서비스화 패러다임 변화

자료: 닐리 등(Neely A. et al.), 「제조업 기반 서비스 산업 R&D 혁신 전략」, 2011(재작성).

금은 없어졌다. 자동차 판매 시 자금, 보험 등을 제공하는 금융 서비스도 실시하고 최근에는 공유 서비스가 등장해 사업 영역에 대한 구분을 정하지 못하고 있다

경계가 허물어지면서 예상치 못한 곳에서 경쟁자가 튀어나오고 있다. 대형 쇼핑몰의 경쟁 상대로 테마파크와 야구장이 거론된다. 소비자의 시간과 경험, 즐거움을 놓고 경쟁한다는 의미에서다.

유통업체는 자체 브랜드PB 상품을 확대하며 제조업체와 경쟁하고 있다. PB 제품이 처음 나왔을 때는 유명 브랜드 제품과 '비슷한 싼 것'이었지만 이제는 '거기에 가야만 살 수 있는 제품'으로 인식되

고 있다. 국내 패션 업체의 최대 경쟁자는 네이버나 쿠팡일 수 있다. 인터넷 포털 네이버는 전자상거래 시장의 강자로 부상했고, 쿠팡도 생활필수품에서 패션 의류 등으로 영역을 확장하고 있다. 언어 장벽만 넘으면 구글이나 아마존, 알리바바도 직접적인 경쟁자가 될 수 있다.

기술이 발달해 제품 수명주기가 짧아지고 있다

전화기→삐삐→시티폰→모바일폰을 보면 전화기에서 삐삐가 탄생하기까지는 몇십 년이 흘렀지만 시티폰에서 모바일폰의 출시는 몇 년밖에 걸리지 않았다. 컴퓨터는 1년 또는 채 1년이 되지 않아 용량이 증대되어 출시되니 기존 컴퓨터는 바로 구형이 되는 셈이다. 음식 분야에서는 가정간편식HMR: Home Meal Replacement 시장이 매년 급속도로 성장해 음식점과 집밥 시장을 잠식하고 있다.

시장 변화 트렌드, 영업사원의 어려움과 개선 의견, 유사 경쟁사의 최근 전략, 시장에서 전혀 다른 업종에서 나타나는 성공 사례 등을 검토해볼 시기다. 기술 개발 속도, 제품 수명주기 단축, 고객 욕구의 빠른 변화와 다양화 등으로 기존 제품의 가치 창출 기회가 점점 감소하고 있으며 가치 획득은 더욱 절실해지고 복합적인 사회 환경이 만들어지고 있다.

성공으로 향하는 길은 각 사업별로 차이가 있지만 열린 기회를 최대한 활용하려면 새로운 방식으로 생각하고 접근해야 한다. 가장 유망한 비즈니스 모델에 집중하고, 타인의 역량을 최대한 활용할 방법을 찾으며 새롭게 떠오르는 사업 방식과 특징이 있으면 도입 가능성을 반드시 확인해야 한다.

수익성 개선만이
살길이다

기업은 요즘처럼 경제가 어려울 때마다 허리띠를 졸라매고 감량 경영과 구조 조정에 몰두하게 마련이다. 더욱이 전반적인 세계 경제 침체 상황에서 보수적인 접근을 하는 것이 일반적이다. 불투명한 경제 전망 속에서 대부분의 기업은 너나없이 다운사이징을 택하고 있다. 기회 발굴이나 개발이 없으면 다운사이징만 하고 기다릴 수 없다. 그러나 과연 이러한 접근으로 현재의 경제 상황을 타개하고 매출 증대를 달성할 수 있을까?

대부분의 한국 기업은 통제와 지시 중심의 문화, 팀워크, 헌신적 업무 태도, 신속한 업무 처리 등을 통해 큰 효과를 얻어왔지만 비대한 조직 구조만큼 생산성 저하로 인해 경쟁력을 상실하고 있다. 국내외의 치열한 경쟁 시장에 노출돼 있는 한국 기업에게 수익성 개선 방안은 더욱더 치열해지는 시장 환경과 경기 침체에서 시급한 당면 과제임에 틀림없다. 수익성 개선은 단기적 과제일 뿐 아니라 근본적 기업 생존의 필수 과제다. 한국 기업은 수익성 개선이라는 전제 아래 불필요한 비용을 줄여왔고 자산과 자본 및 인력의 생산성 향상이 당연함에도 불구하고 현 한국 기업의 자구 노력을 보면 부동산 매각, 인원 감축 등 단기적이고 소극적인 비용 절감에만 그치고 있다.

하지만 이제 경영자는 수익성 개선에 대한 여러 대안을 장기적인 안목으로 준비해야 한다. 구조 조정이 무조건적인 비용과 사업 축소만을 의미하는 소극적인 개념이 아니기 때문이다. 국내 기업이 추진하는 구조 조정은 '무조건적인 축소'가 아니라 불합리하고 저효율적인 부분에 분산돼 있던 기업의 역량을 수익성이 높은 핵심 사업군에 재배치하는 '선별 투자'에 초점을 맞춰야 한다. 국내 기업에게 옥석을 고를 줄 아는 안목과 수익성 높은 분야에 대한 적극적인 투자가 필요한 시점이다.

고객에게 어떤 제품을 제공하면 만족도가 높아 지속적으로 자사 제품을 구매할 수 있는가에 대한 연구는 지속돼왔다. 따라서 성능이 좋은 제품, 가격이 저렴한 제품, 브랜드력이 높은 제품 등 제조회사 중심으로 결정된 제품이 판매되고 있었다. 그런데 고객 욕구의 변화가 다양하고 요구가 더욱 심화되면서 제조회사 중심이 아닌 고객 중심에 필요한 제품을 만들어 파는 상황에 이르게 되었다. 싸게 팔고, 광고를 많이 하고, 좋은 브랜드 이미지를 구축하고, 고객 만족도를 높여야 한다. 고객 만족도를 높이려면 고객 중심에서 고객의 어려움, 불만 사항, 미충족 욕구를 해소시킬 수 있는 다양한 솔루션을 제공해야 한다.

이 솔루션이란 기업에게는 운용비 절감, 생산성 증대, 업무 단계 축소, 내구성의 연장 등을 높여주는 것을 말한다. 일반 소비자에게는 맛, 품질, 편리성, 편안함, 시간 절약 등의 혜택을 얻을 수 있도록 제시하는 것을 말한다. 제공하는 방식은 한두 가지 요소의 혜택이었는데 이제는 총괄적으로 다양한 솔루션을 제공하고 있다. 이 중 서비스화 방법의 제공이 크게 대두되고 있다.

즉 고객의 문제를 해결해주는 방법과 제품을 제공해주는 것이다. 제품의 품질과 특징이 비슷하면 당연히 가격 경쟁 또는 브랜드, 디자인 경쟁이 되고 있었으나 고객의 욕구가 다양하고 심화되면서 단순히 가격, 균일한 품질만 가지고는 경쟁우위를 유지하기 어려워지고 있다.

당면한 문제 중 하나인데 호황기에는 경쟁 제조업체들과 시장이 분할되어 큰 어려움이 없었다. 그러나 불황으로 시장이 작아지면서 경쟁 회사들은 그대로이니 시장 유지 및 회복을 위해 가격 및 비가

[그림 1-4] 제조·제품 서비스화의 필요성

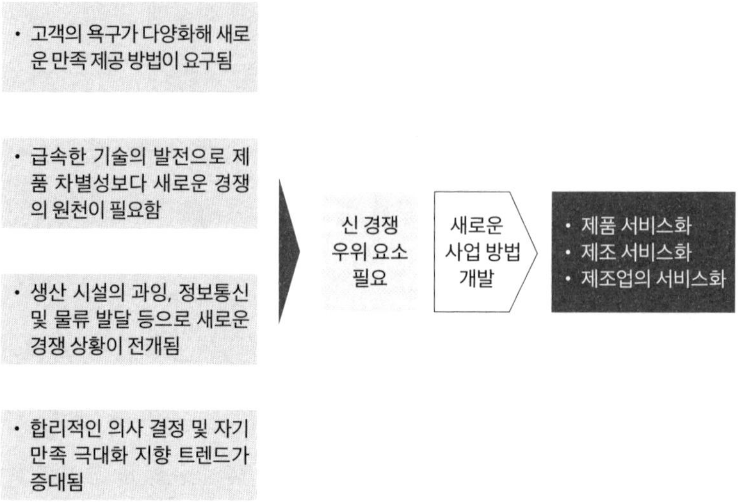

- 고객의 욕구가 다양화해 새로운 만족 제공 방법이 요구됨

- 급속한 기술의 발전으로 제품 차별성보다 새로운 경쟁의 원천이 필요함

신 경쟁 우위 요소 필요

새로운 사업 방법 개발

- 제품 서비스화
- 제조 서비스화
- 제조업의 서비스화

- 생산 시설의 과잉, 정보통신 및 물류 발달 등으로 새로운 경쟁 상황이 전개됨

- 합리적인 의사 결정 및 자기 만족 극대화 지향 트렌드가 증대됨

격 경쟁이 시작되었다. 현재의 방법으로는 시장을 유지할 수 없는 것이다. 또 시장 경쟁이 심해지자 다른 경쟁사는 개선 제품 또는 차별 제품 등을 출시해 시장을 공략하고 있으니 시장 유지는 더 어려워지고 있다.

그러면 소비자는 어떤가. 최근 10년간 가장 많이 변하고 있는 것이 소비자의 기호와 라이프 스타일이다. 맛, 멋, 디자인과 구매 및 사용 방법, 배달, 도시락 등 많은 분야에서 다양한 변화가 나타나고 있다. 여러분의 회사는 이러한 상황에 어느 정도 적응하고 있는가?

고객(소비자와 사용자)은 가격보다 좋은 디자인, 좋은 성능, 비용을 절약할 수 있는 것, 생산성을 더 높일 수 있는 것 등을 더 선호한다. 즉 단순히 제품을 판매하는 것이 아니라 고객의 문제를 해결해줄 수 있는 제품이 필요한 것이다.

고객의 문제를 해결한다? 제조회사로서는 어려운 말이다. 정수기를 쓰는 사람의 잠재된 문제 사항에 이런 내용이 있다. 구매 후 6개월을 사용했는데 필터를 교환해야 하는가, 식구가 적으니 좀 더 있다가 하면 되는가, 고장이 나서 애프터서비스를 보내고 수리될 때까지 생수를 구매해 써야 하는가 등의 문제가 있다. 제조회사에 확인해도 쉽게 풀리지 않는다. 이를 전문 용어로 고객의 고충이라 한다. 이를 정리해놓은 것을 고충 지도Hassle map라 한다.

그러면 제조회사는 혁신적인 아이디어를 발표한다. '정수기 사용의 모든 문제는 회사가 해결합니다. 고객은 안심하고 사용할 수 있으니 사용료만 부담하세요, 그것도 저렴한 금액으로.' 이런 솔루션 중 제품 사용의 만족도 증대를 위해 서비스를 같이 제공하는 것을 제품의 서비스화Product Servitization라 한다.

'서비스화'를 도입한 선진국의 경우를 보자. 제조업의 기술이 향상되고 경쟁이 치열해지면서 핵심 제품의 경쟁력 저하 및 제품 공급 과잉 등으로 수익성이 악화되었다. 이러한 현실을 타계하기 위한 전략적 접근에서 시작되었다. 이를테면 제품 경쟁력 저하를 제품 가치 증대를 통해 극복하고 있는데 제품의 가치 증대는 어떻게 해

[그림 1-5] 서비스화 촉진 환경

구분		현재 환경	향후 환경	전략 방향	주요 특성
소비자 특성	소비자 여건	제품 정보 단순, 다중 만족 중심	다양한 제품 정보 취득, 개별 만족 중심	다양하고 빠른 고객 욕구 변화에 대응 고객 욕구, 필요 사항 등의 정확한 파악을 위한 시스템 구축	편리성, 신속성, 금액 절약, 생산성, 감성, 편안함, 가성비 등의 강화
	소비자 구매 형태	가격 중심 구매, 단편적 구매 채널	자기만족 중심 구매, 다양한 구매 채널		
	구매 상품 특징	기능 중심	가치 중심		
	사업 방법	소유 중심	사용 중심		
경영 환경	경쟁 상황	원가 경쟁	가치(효익) 경정	사업 방향과 방법, 경쟁 상황 경쟁우위 요소의 정확한 파악이 중요 이에 대처할 수 있는 기술 개발 및 사업 방법에 대한 지속적 연구가 필요	경쟁우위 요소 추출(효율성, 생산성, 제품 특징 가격, 가치 등) 기업 자원의 재분배 제조 서비스화 제품 서비스화 서비스 제품화
	경영 목표	투자 수익률	감성, 사용자 경험 중심		
	경영 방침	첨단 기술을 통한 가치 제고	고객 만족도		
	생산 목표	효율성	생산성		
	생산 방법	다품종 대량 생산	소품종 소량 생산 맞춤형 생산		
	생산 기술	생산 방법 품질 관리 디지털 기술	사물인터넷 및 다양한 융합 ICT 기술		
사업 모델	사업 진행 단계	가치사슬 중심 사업 단계	가치사슬 단계 파괴로 다양화	비즈니스 모델 재구축 필요 사업 방향의 재검토	수익 모델은 무엇인가 생산 기술, 제품 기능, 제품 혜택, 제품 사용 효과 등
	비즈니스 모델	1~2개의 비즈니스 모델	다양한 비즈니스 모델		
	사업 방법	생산, 판매, A/S	신기술, 렌털, 솔루션		

야 하는가. 얼마 전까지는 고장이 적은 기계(가동률이 증가되니 생산량이 증가), 생산성이 높은 기계(시간당 생산량이 많으니 생산량이 증가) 등이 인기가 있었다. 그러나 가격이 비싸다는 것이 흠이다. 최근에는 수리 기간이 짧아야 경쟁우위를 갖출 수 있다. 고장이 적고, 생산성이 높으며, 공장 현지에서 바로 수리를 해준다면 이 기계는 더욱 인기가 있을 것이다. 단, 이런 기계는 가격이 비싸다. 이 제품을 사용료만 받고 무료로 설치해준다면 사용자는 바로 구매할 것이다. 이것의 핵심이 '서비스화'다. 서비스화를 통해 새로운 가치를 창출할 수 있다. 수익을 보상받고자 많은 관심과 연구를 한 결과의 산물이 서비스화이기도 하다.

따라서 서비스화는 시장, 고객에게 제공하는 상품의 하나(제품 + 서비스)이며 디자인·시스템·서비스 등 각각의 기능은 단지 서비스화를 위한 하나의 방법 중 하나이지 서비스화를 전체적으로 나타내는 것은 아니다. 이를 혼동하지 않았으면 한다.

시장과 경쟁 환경의 변화에 대한 회사의 움직임이 가장 큰 문제다. 과거 호황기를 생각해 막연하게 호황기를 기다리는 기업, 시장 환경에 미진한 의사 결정, 과거 경영 방식을 유지한다면 기업의 어떤 전략도 실행하기 어렵거나 실패 확률이 높아질 수밖에 없다. 그 결과 해봤더니 안 된다고 한다. 변신은 하지 않고 제대로 해보겠다는 의지도 별로 없으며 과거 방식을 아직도 자랑하는가. 이런 생각을 가지고 있다면 성공할 수 없다.

서비스화가 필수 전략 중의 하나로 정착되는 이유를 소비자, 회사 경영 환경을 중심으로 검토해보자. 소득 증대 및 다양한 정보 채널을 통해 소비자의 안목이 높아졌다. 이런 소비자 특성을 고려해 대처 시기와 방법, 내용 등이 현실성이 있어야 한다.

첫째, 소비자 특성 중에서 구매 요인인가, 소비자에게 이득이 되는 가치가 얼마나 되는가이다. 구매 금액 대비 만족도의 척도는 가성비다. 제품 가격의 높고 낮음에 구애 없이 느끼는 가성비는 존재한다.

둘째, 경영 환경이다. 가격, 구매 방법, 제공 서비스 등에서 한 가지 또는 여러 가지 방법을 제공하더라도 고객 만족도를 높여야 한다. 따라서 최근에는 사전 체험, 렌털, 분할, 리스, 무료 교환 등 다양한 서비스를 제공하고 있다. 고객 만족도와 가성비를 높이는 방법을 연구해야 하는 것이다.

셋째, 비즈니스 모델은 어떻게 결정할 것인가? 다양한 방법이 있는데 이 책에서 제공하는 것도 비즈니스 모델 중 하나다.

04
제조 서비스화는
고객 맞춤형 전략

제조 서비스화의 권위자 조셉 파인 박사는 서비스 산업화의 전략적 방향을 고객 맞춤형(커스터마이제이션)이라고 했다. 고객 맞춤이란 고객이 원하는 때에 고객이 원하는 것을 제공하는 것이다. 고객의 욕구에 적합한 제품을 원하는 시각에 제공해야 한다. 이 제공품은 제품, 서비스, 지원, 지식, 셀프 서비스가 하나의 묶음이 되어 고객에게 혜택을 제공해야 하는데 이것을 서비스화라 한다.

서비스 영역 및 서비스 내용 활용에는 다음과 같은 것들이 있다. 즉시 수리, 교환, 애프터서비스, 렌털, 사용량 또는 사용 기간에 따른 사용료 징수, 사용 방법 제공, 관리, 유지 서비스(서비스 범위 확대), 체험 후 구매, 재활용 대행, 중고 판매 대행, 폐기 처리 대행, 사전 진단 서비스, 금융 제공 서비스, 맞춤 서비스, 설계 또는 디자인 서비스, 전문가, 기술자 파견 등이 있다.

서비스화란 제조업에서 서비스를 도입해 매출과 이익을 증대시킨다는 말이다. 제품 자체에 서비스를 첨부해 같이 파는 것인가, 제품 판매 시 서비스 내용을 추가해 판매하는 것인가, 제품 사용을 높이기 위해 서비스를 도입해 판매하는 것인가 등이 해당한다.

서비스화는 제품 회사가 서비스 지향을 채택하고 더 나은 서비스를 개발할 수 있도록 하는 변신 과정이다. 고객 욕구 만족, 회사의 실적 향상, 경쟁우위 달성 등을 언급할 수 있다.

기업의 수익은 자체 제조 제품의 판매를 통해 취하는 방식이 당연하다. 그러나 시장과 고객의 욕구 변화가 다양해서 이제는 제품 구매 및 사용을 통한 만족만 가지고는 시장 경쟁 유지 및 수익 증대를 기대하기 점점 어려워지고 있다. 선진국의 경우, 제조업의 기술이 향상되고 경쟁이 치열해지면서 핵심 제품의 경쟁력 저하 및 제품 공급 과잉 등으로 수익성이 악화되고 있다. 이러한 현실을 타개하기 위해 전략적 접근을 했는데, 즉 제품 경쟁력 저하를 제품 가치 증대를 통해 극복하고 있다. 이의 핵심이 '서비스화'다.

이렇듯 서비스화는 새로운 가치를 창출하고 수익을 보상받고자 많은 관심과 연구를 한 결과의 산물이다. 즉 제품 기능의 변화, 제품 구매 방법의 다양화, 제품 사용 시 만족 증대의 종류, 제품 사용

후 고객의 태도 등을 고려한 다양한 형태의 제품 패키지를 출시, 판매하면서 다시 경쟁력을 회복하고 있는 것이다.

사회 트렌드의 변화, 디지털 기술의 발전, 소득 증가와 라이프 스타일의 진화 등이 시장 변화의 촉매 작용을 하고 있다. 많은 기존 기업이 이러한 변화를 인식하지 못하거나 대응이 늦어지는 상황, 산업 시대의 전통적 경영 방법의 한계를 극복하는 대응책의 부족으로 실제 실행 계획이 미흡한 것도 원인이 되고 있다. 또 과거와 달리 빠르게 변하는 세상에서 한 번 뒤처지면 다시 따라잡기 쉽지 않은 것도 하나의 요인이다.

기업 활동이 바삐 진행되므로 실제 경영자의 환경 변화에 대한 대응책의 미흡함과 어려움 극복을 위한 아이디어가 별로 없다는 것도 문제이기는 하다. 시대의 흐름을 정확히 파악해 변화의 방향을 제시하고 변신을 요구하는 연구기관, 정부 단체 등의 역할이 모호한 것도 어려움을 가중시킨다. 그 이유는 문제를 확인하고 방향을 제시하나 기업에서 실제 활용 또는 실천 방법에 대해서는 아무런 대안을 제시하지 않으니 기업이 더욱 혼란해지기 때문이다. 이론적이고 현실성이 부족하다는 것이다.

일례로 4차 산업혁명이라는 용어가 등장하면서 21세기 우리나라 경제를 이끌어갈 새로운 산업적 지평에 대한 사회 전반적인 관심이 높아졌다. 하지만 시대의 흐름으로 관심을 모을 뿐이라는 한계가 지적되고 있다. 디지털 혁명, 4차 산업혁명에 대한 내용은 많이 거론되고 있어 총론적 공감대는 충분히 이해가 되나 기업이 어떻게 해야 하는지 거론하지 못하고 있다.

그중 제조의 서비스화도 같은 부류에 속하는 전략 방법이다. 이제 구체적인 전략을 세우고 실행해야 할 시기가 다가오고 있다. 기업은 어떻게 해야 하는가.

제조의 서비스화는 우리나라에서 몇 년 전부터 기업의 향후 발전 전략의 하나로 제시되면서 많은 학자와 연구기관이 개념과 방향에 대해 발표하고 있었다. 그러나 실제 기업에 활용되어 성공한 사례는 그리 많지 않다. 현실적으로 시장에서 활용할 수 있는 방법과 내용을 제시하지 않아 기업에서 도입 및 활용을 할 수 없는 것이다. 이는 4차 산업혁명을 이야기하는 것과 다를 바 없다. 이제는 방향 제시가 아니라 실제로 실천할 수 있는 내용이 필요하다. 연구가 아닌 실천을 위한 방법론이 아쉬운 실정이다. 연구기관의 발표 내용을 검토해보면 다음과 같다.

제조 + 서비스는 제조업의 제품과 직접 관련된 서비스를 제품이나 제조 프로세스에 결합하거나 통합하는 활동으로 정의할 수 있다. 무엇을 어떻게 통합해야 하는가? 해당 제조 기업의 제품, 고객 특성, 비즈니스 상황 특성을 반영해 서비스 요소를 부가해 차별화를 이룰 수 있는 새로운 제품·서비스를 개발해야 한다.

새로운 제품·서비스는 무엇을 말하는가? 실제 사례가 필요하다. 제품 서비스의 융합은 크게 두 가지로 나눌 수 있다. 하나는 제품의 서비스화Product Servitization이고, 다른 하나는 서비스의 제품화Service Productization이다. 제품 서비스화는 제품에 서비스를 추가하거나 제품을 서비스 형태로 제공하는 등 제품과 서비스를 결합해 제공하는 것을 말한다. 서비스 제품화는 서비스 강화를 위해 제품을 부가 또는 서비스 제공업체가 관련 제품을 출시해 서비스를 강화하는 형태와 서비스 표준화, 서비스 프로세스화, 서비스 자동화를 통해 서비스가 대량 생산되는 제조업화를 의미한다.

이렇듯 많은 내용을 발표했다. 그렇다면 기계 제조업은 어떻게 서비스화를 해야 하는가? 화장품 제조회사는 어떤 서비스를 제공해야 서비스화가 되는가? 여행사, 부동산 중개소 등의 서비스 제품화 방법은 무엇이며 매출 증대는 얼마나 될까?

제조업의 서비스화는 다양하게 개념화할 수 있다. 한마디로 제조업에서 만들어진 제품의 활용 가치를 높이기 위해 다른 기능을 가진 핵심 부품이나 스마트한 칩들을 내장하거나 제품과 관련 서비스를 연계해 제공함으로써 고객에게 새로운 가치를 창출해주는 행위다. 이의 해답은 시장(현장)에 있다. 따라서 소비자의 실제 욕구 변화를 이해하는 방향으로 제시해야지 이론적인 이야기는 그리 중요하지 않다.

[그림 1-6] 제조업체 관점에서의 제조 + 서비스 융합

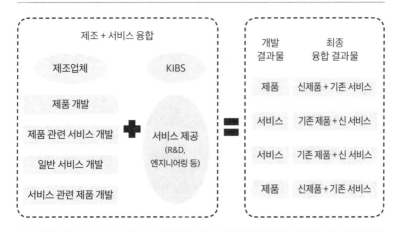

자료: 서동혁, 「산업 패러다임 변화에 따른 미래 제조업의 발전 전략」, 산업연구원, 2015.12.

이번에는 제조 융합 서비스 사례를 검토해보자. 지멘스는 기계 제조 + 제품 관리 서비스를 한다. 유지보수 관리, 맞춤형 제품 수명 서비스, 기계 분석 서비스 등의 영역에서 말이다. 롤스로이스 엔진은 항공 엔진 제조 + 엔진 관리 서비스를 한다. 항공 엔진에 모니터링 장치를 설치해 유지보수 서비스를 제공하는 것이다. 두산중공업은 플랜트 발전기 + 원격 감시 서비스를 한다. 발전 플랜트의 운전 위험 요소를 실시간으로 감시하는 서비스 제공한다. 제품에 다른 기능을 갖춘 설비나 프로그램을 부착하는 제조 서비스는 부분적인 방법이지 전체는 아니므로 부착하지 않는 서비스화 방법도 제시해야 한다.

언급한 내용을 도식화한 것이 [그림 1-6]이다. 그러나 기업에서 활용하려면 한계가 있다. 기업에서 해야 할 방법론, 실천 사항 등이 없으니 실제 기업 현장에서 활용하기 어려운 것이다. 항공 엔진에 모니터링 장치를 설치해 유지보수 서비스 제공 등의 단어 나열은 기업에 도움이 되지 않는다. 연구 담당자도 이런 서비스 내용을 분석해 기업 현장에서 이해할 수 있는 사례와 방법, 도입 방법 및 성공 요인 등을 제시해야만 할 것이다.

과거의 연구 논문 방식은 대개 이론적이다. 서비스화가 실행된 동기, 서비스화 내용 정립 과정, 정립 시 주요 검토 사항, 실행 내용과 방법, 나아가 실행 시 회사가 갖추어야 할 사항인 인력·제도·시스템·투입 자금 등을 연구한 사례를 면밀히 정확하게 다뤄 제시할 필요가 있다. 이렇게 해야 서비스화를 검토하는 회사에 지침서가 될 수 있다.

서비스화의 기본 목적은 고객에게 더 많은 혜택을 제공해 제품이나 서비스의 매출을 증대시키는 것이다. 따라서 어떤 방법이든 고객에게 혜택을 제공해 만족도를 높여야 한다. 이를 위해 최근에 제공되는 서비스는 다양해지고 있다. 만약 서비스화를 통해 매출 및 이익 증대에 공헌하지 못한다면 이는 서비스화를 이룬 것이 아니라고 볼 수 있다.

만약 첨단 기술을 장착해 서비스화를 이루는데 이 첨단 기술이 비싸거나 고객의 사용이 불편하다면 이는 서비스화가 아니다. 고객이 익숙해지기까지는 시간이 필요하기 때문에 빠른 도입이 오히려 역효과를 낼 수 있어 출시 시기를 조절하는 것이 필요하다.

기존 제품보다는 판매가 증대되어 많은 기업이 도입해 성공하고 있는데 이를 위해서는 기존 방식의 경영 및 판매 방법에서 생각하며 발견하기가 쉽지 않고 소비자 입장에서 생각을 구체화해야 한다.

서비스화 매출 발생 방법에 따른 분류

서비스화는 고객에게 필요한 방법을 중심으로 제공하는 사업 방법으로 [표 1-1]에서처럼 제품 지향적Product-oriented인가, 사용 지향적Use-oriented인가, 아니면 성과 지향적Result-oriented인가에 따라 크게 세 가지 유형으로 분류할 수 있다.

제품 지향 서비스는 제품 판매 시 제공하는 방식을 바꾸어 고객 만족도를 높이는 방법이다. 온라인 판매를 통해 고객이 직접 원하는 규격에 맞는 제품의 선택, 유통 구조의 축소를 통해 보다 저렴하게 구매 기회 제공을 검토해볼 수 있다. 애프터서비스 시간 및 방법의 개선으로 제품 사용 시 불편성, 시간 절약 등의 축소로 고객에게 다양한 혜택을 제공할 수 있다.

사용 지향 서비스는 다양한 사용 방법을 제공해 고객의 비용 부

[표 1-1] 서비스화의 유형

제품 지향 서비스	• 제품 관련 서비스 • 제품 관련 자문	제품 판매를 중심으로 서비스 기능을 부가하는 형태
사용 지향 서비스	• 제품 리스 • 제품 임대 혹은 공유 • 제품 공동 이용 • 서비스에 따른 지불	생산자가 제품의 소유권을 가지며, 제품을 다수 소비자가 공유하는 형태
성과 지향 서비스	• 사업 관리·외주 • 직무상의 성과	생산자, 소비자 간 제품 가격을 선결정하지 않고, 성과에 의해 이익 배분을 합의하는 형태

자료: 쿡(Cook), 2004.

담, 사용 편의성 등의 혜택을 통해 만족도를 증대시키는 방법이다. 렌털, 배달 등을 가장 많이 사용한다.

성과 지향 서비스는 고객에게 판매하는 것이 아니라 제품 사용을 통해 얻은 혜택을 금액으로 환산해 해당 금액을 배분한다. 커피 기계, 튀김 기계 등 구매 비용이 높은 제품 사용을 통해 수익을 얻는 방식을 말한다.

[표 1-2]는 서비스와 유형을 활용 사례 중심으로 재편집한 것이다. 철판 판매란 철판 구매 시 규격화된 제품을 구매해 사용 후 남은 조각은 쓰레기가 되는 비효율성을 제거하기 위해 고객이 원하는 규격대로 절단해서 판매하는 방법을 말한다. 산업재에서 이런 경우가 많아 개별 소비자가 사용하는 데 불편 또는 낭비가 되곤 한다. 시멘트를 덜어서 구매할 수 없는 것도 하나의 예다.

[표 1-2] 제조 서비스별 특징과 사례

구분		특징	사례
상품 중심 서비스	서비스 포함	현 제품에 제공하는 서비스(A/S)	품질 보증 기간 연장 보증 부품의 확대 제품 전체 교환
	가치사슬 변화	가치사슬을 이용한 새로운 가치 서비스(온라인 판매)	델 컴퓨터 이케아
	상품 관리 방식	즉시 수리 시스템 도입	복사기
사용자 혜택	유용성	사용량에 기준한 비용 부과	자동차, 기계
	편리성	기간을 기준한 비용 부과 (렌털)	웅진 정수기
	활용성	다양한 사용 방법 제공	공구류
	절약성	고객 맞춤 판매	철판 절단 판매 구독 경제
서비스 신설·확대	제품 중심적	제품 중심으로 새로운 서비스 제공(공동 사업)	롤스로이스 엔진
	서비스 확대	고객 서비스의 범위를 확대 (관리, 유지 서비스)	IBM

서비스화 기능의 제공 방법에 따른 분류

서비스화 제공을 어느 시점에서 제공하는가에 따른 분류로는 생산 제품에 기능을 포함시키는 방법과 제품에 서비스 기능을 첨가해 판매하는 방법이 있다. 또한 사업 방법 자체가 서비스화로 전환되어 서비스화 제품이 일반 제품 판매보다 높기 때문에 제조 매출보다 서비스화 매출의 비중이 높아 회사의 사업 개념이 제조업이 아닌 서비스 회사로 전환되는 것이 있다. 이것의 서비스화에 포함 여부는 해석에 따라 달라질 수 있다.

이렇듯 제품 경쟁력 회복 및 고객의 니즈를 만족시키기 위해 제품과 서비스를 결합해 제품 가치를 증대시켜 고객 만족도와 시장 점유를 높이는 전략을 제품의 서비스화라 한다. 제품 개발 및 제조 시 고객에게 필요한 사항을 모두 포함해 완벽한 제품을 만들어 판매하는 전략은 제조의 서비스화라 한다.

김밥, 햄버거, 커피믹스 등은 별도 서비스 기능이 필요 없이 바로 먹을 수 있는 것이다. 최근 IT 기술을 접목해 완성된 제품을 서비스 없이 바로 사용할 수 있는 제조, 서비스 융합 제품도 있다. 예를 들면 커피 기계나 튀김 기계 사용 시 횟수를 계산해 사용 금액을 받는 것이다. 산업재에서는 밀링머신이 검토해볼 만한 전략이다. 이 또한 제조의 서비스화다.

다시 말해 제조 서비스화란 제조 시 또는 제조 후 고객 만족을 극대화시키기 위해 서비스를 도입해 매출과 이익을 증대시키는 것을 말한다.

제품 자체에 서비스를 첨가해 판매할 수 있고, 제품 판매 시 서비스 내용을 추가해 같이 판매할 수 있으며, 제품 사용을 높이기 위해 서비스를 도입해 판매할 수 있다. 따라서 서비스화는 제조 서비스, 제품 서비스로 나눠 검토할 수 있다.

[그림 1-7] 제조·제품 서비스화의 가치 영역

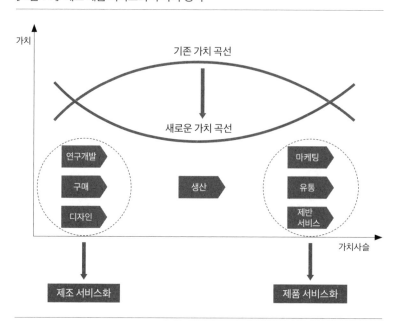

고객 가치 변화와 서비스화 방법

제조 중심이 아닌 연구개발과 마케팅 분야의 가치가 시장에서 더 중요하게 대두되어 연구개발과 마케팅 분야의 가치 증대가 매우 필요하다. 이것이 연구개발의 서비스화 및 마케팅의 서비스화로 진행되어 제조 및 제품 서비스화로 발전, 활용되고 있는 것이다.

지금까지 기업의 수익은 양질의 제품을 만들어 판매해 발생했다. 그러나 경쟁이 심하고 제품의 품질 차이가 별로 없으며 가격 경쟁

[그림 1-8] 가치사슬 중심의 가치 창출 영역

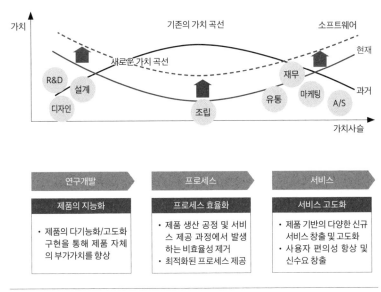

자료: 앞의 책

이 중심이 되어 수익은 감소하고 있다. 따라서 경쟁 및 소비자의 인지도를 증대시키기 위해 제품의 차별성이 더욱 필요한 시점이 되었다. 극복 방법으로 서비스화가 대두되고 이를 시행한 회사들은 시장의 주도권과 수익성을 갖춰나가고 있다.

생산 중심의 경영에서 연구개발, 마케팅 중심으로 가치의 축이 이동하고 있다. 연구개발 중심의 서비스화는 제품을 완벽하게 만들어 소비자가 편리하게 사용할 수 있게 하며 마케팅 분야에서는 구매 편의, 사용 편리성 및 효율성 등이 강조되어 소비자의 욕구를 만족시키고 있다. 사용자가 제품 사용에서 편리·편안·효율 등의 혜택을 얻을 수 있도록 하는 것을 서비스화라 한다. 전자를 제조 서비스화, 후자를 제품 서비스화라 한다.

여러 논문에 발표된 서비스화의 내용 등을 정리·요약해보면 다음과 같다.

첫째, 시장과 고객의 욕구에 부응하기 위해 제조회사가 제공하는 사업 방법 중 서비스를 포함한 변신을 통해 경쟁력 및 매출 증대를 이루는 방법을 말한다.

둘째, 제품에 서비스를 추가하거나 제품을 서비스 형태로 제공해 단순 제조업 관점에서 벗어나 고객 중심적 관점으로 제품과 서비스를 통합해 경쟁력과 매출 증대를 이루는 방법을 말한다.

서비스화의 종류(제품 서비스화/제조 서비스화)

제품 서비스화

제품 서비스화는 출시된 제품을 더 많이 팔기 위해 고객 가치 Customer Value를 위한 다양한 정보를 확보해 더욱 세분화되고 심도 있는 분석을 통해 서비스 기능을 추가해 제품 사용의 만족도를 증대시키는 방법을 말한다. 이를 위해 최근에 많이 도입되는 방법을 소개한다. 제품을 빌려주고 사용료를 받는 방법, 제품 사용을 원활히

[그림 1-9] 제품 서비스화 개념과 내용

제품 서비스화

- 기존 제품의 매출을 증대시켜 기업이 이익을 지속적으로 유지하는 방법의 하나
- 제품 자체의 사용 방법, 서비스 방법 등을 제시하여 고객과 제조회사가 같이 이익을 공유하는 상태
- 결론적으로 고객의 욕구에 적합한 솔루션을 제공하는 것

제품의 활용도에서 다양한 서비스 제공 방법을 바꾸어 고객에게 편리성, 유용성, 절약성 등등의 가치를 제공하여 매출 증대를 달성하는 것

예) · 비싼 비행기 엔진을 판매하는 방법 → 사용 시간별로 사용료를 받는다.
    롤스로이스: 제품 50% / 서비스 50%
  · 정수기를 빌려줘 제품 관리를 해주면서 사용료를 받는다.

시장의 가치 이동 상황을 정확히 파악하여 고객 욕구에 적합한 가치를 제공하는 것

하기 위해 제품을 설치해주는 것, 제품 관리를 무기한 해주는 방법, 무상 교환, 제품 사용량에 따라 요금을 징수하는 방법, 무료 배달, 다양한 애프터서비스 방법을 제시하는 것(문의 즉시 30분 내에 수리 또는 불편 사항 해결 등), 소량 판매, 구매 점포 다양화 등 심도 있는 논의로 다양한 아이디어를 얻을 수 있다. 제품 서비스화 개념과 내용은 [그림 1-9]를 참조하기 바란다.

첫째, 제품 구매·사용·관리를 보다 편리하고 쉽게 서비스를 제공하는 것을 들 수 있다. 렌털, 임대, 수리, 장착, 관리 등이 있다. 둘째, 제품 구매 시 보다 자세한 서비스, 즉 상담 및 정보 제공, 관리

등을 제공해 제품과 고객 간의 이해를 증대시켜 제품 판매를 높이는 것을 들 수 있다. 미샤 화장품숍, T-스토어 등이 있다. 제품 서비스화와 제조 서비스화를 혼용하는 경우가 많은데 엄연히 다르다. 제품 서비스화의 주요 제품은 다음과 같다. 한샘 가구, 정수기, 미샤 화장품, 복사기, 비행기 엔진, 절전 시스템, T-스테이션. 하이브리드 변압기 등이 있다.

제조 서비스화

제조 서비스화 방법은 제품 서비스화 방법과는 매우 다르다. 이는 제품 출시 전 제품 기획 단계에서 검토해야 할 사항으로 연구개발과 같이 검토해야 할 사항이다. 연구개발 목표가 소비자의 편리성·편안함·효율성·생산성 등을 검토해 탄생한 제품이어야 한다. 제조 서비스화 개념과 내용은 [그림 1-10]을 참조하기 바란다.

제품 개념에 완벽한 제품을 만드는 것(김밥, 햄버거, BB크림 등), 제품 기능을 다양화해 제품의 사용도를 높이는 것(쿠쿠 전자밥솥), 제품을 사용하기 편리하도록 제조하는 것(1리터 휘발유, 1킬로그램 시멘트, 1.5m³ 철판 등)이 해당한다.

제조 서비스화의 주요 제품은 다음과 같다. 김밥, 커피믹스, 햄버거, BB크림, 쿠쿠 밥솥, SY판넬, 도깨비 방망이, 고구마찜기, 커피 기계, 공기청정기, 우유 거품기 등이 있다.

[그림 1-10] 제조 서비스화 개념과 내용

제조 서비스화

- 제조업의 제품과 직접 관련된 서비스를 제품이나 제조 프로세스와 결합하거나 통합하는 활동
- 제품 설치와 유지보수 같은 단순한 활동에서 개발, 디자인, AS 관리 등을 제품 개발이나 생산, 공급에 통합시키는 복잡한 활동까지 포함
- 제조 + 서비스 범주에 들기 위해서는 제공되는 서비스가 제품이나 제조 프로세스와 직접 관련성이 있어야 함

제품 제조 시 새로운 서비스 방법을 활용하여 판매가 수월하게 되는 것

단, 제품 개념을 바꾸어 제공하는 것(햄버거, BB크림)
　　제품에 기능을 추가하여 제품의 사용도를 높이는 것(쿠쿠 전자밥솥)
　　제품을 사용하기 편리하도록 제조하는 것
　　(1리터 휘발유, 1킬로그램 시멘트, 3분의 1짜리 철판 등)

시장, 고객, 경쟁 분석을 통해
- 제품 개념을 재정립하여 제조, 판매
- 제품 제조 시 구매 및 제품 사용이 편리하도록 제조 방법 개선
- 제품의 기능을 변화시켜 재료 공급자 전환 및 제품 개발, 제조 등을 개선

제조 서비스화와 제품 서비스화를 이해하기 쉽게 도식화하면 [그림 1-11]과 같다.

[그림 1-12]는 서비스화를 가치사슬Value Chain 중심으로 표현해본 것이다. 제품 서비스화는 판매와 사용, 중고 판매, 폐기까지의 과정에서 고객의 불편 및 미충족 욕구가 없도록 하는 것이다. 제조 서비스화는 개발 시부터 고객의 사용에 불만·불편 사항이나 미충족 욕구가 없도록 개발, 제조 시 완벽한 제품을 만들어 판매하는 것을

[그림 1-11] 제조 서비스화와 제품 서비스화

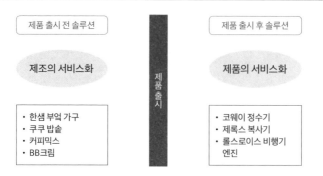

- 제품의 개념을 바꾸어 제품의 기능을 추가하는 것: 부엌 가구는 거실 가구다
- 제품의 본래 기능을 제대로 만드는 것: 밥맛이 최고여야 한다
- 제품의 새로운 사용법을 창출하는 것: 커피를 빨리 맛있게, 화장 시간 단축

- 고가의 제품을 쉽게 사용할 수 있는 것: 렌털, 임대, 사용량 및 시간 단위 지불
- 제품 특징을 보다 효과적으로 제공하는 것: 중저가 화장품숍, 타이어숍
- 고객의 사용을 보다 편리하게 제공하는 것: 신속 수리, 사용 방법 제공, 구매 방법 개선 맞춤 판매

말한다. 따라서 제품 서비스화는 마케팅 기능, 제조 서비스화는 개발 및 제조 기능 능력이 매우 높아야 한다. 참고로 외국의 학자들이 서비스화에 대한 개념을 연구 발표한 내용을 보면 고객 중심 또는 고객 욕구를 충족시키기 위한 내용을 강조하고 있다.

서비스화 개념 정의의 변화

'서비스화' 개념의 정의는 시대에 따라 변해왔다. 1988년 반더머

[그림 1-12] 제품 및 제조 서비스화 가치사슬

기본 가치 사슬 프레임
- 제품 기반 서비스: 제품의 직접적인 활용 및 사용에 기반한 서비스
- 비즈니스 모델 기반 서비스: 새로운 형태의 서비스 모델을 창출, 제품을 활용하는 서비스

자료: 장병열 외, 「제조업 기반 서비스 산업 R&D 혁신 전략: 제조업의 서비스화 R&D」,
과학기술정책연구원, 2014.12.31.

위와 라다Vandermerwe and Rada는 "고객에 초점을 둔 상품, 서비스, 직원, 셀프서비스, 지식을 하나로 묶어서 제공"하는 것으로 정의했다. 1999년 베르스테펜과 벤 덴 버그Versterepen and van Den Berg는 주요 제품에 서비스 항목을 추가했다. 2002년 로빈슨 등Robinson et al은 제품과 서비스를 통합했다. 2003년 데스멧 등Desmet et al은 "제조 기업이 더 많은 서비스를 고객에게 제공하는 현상"이라고 봤다. 렌과 그레고리Ren and Gregory는 제조 기업이 고객의 욕구를 충족시키며 경쟁우위를 얻고 기업의 성과를 증진시키기 위해 더 많은 서비스를 제공하고 서비스 중심으로 프로세스가 변하고 있다고 했다.

제조 서비스 정의

제조 서비스는 '제조업의 제품과 직접 관련된 서비스를 제품이나 제조 프로세스와 결합하거나 통합하는 활동'으로 정의할 수 있다. 제조 서비스는 제품 설치와 유지보수 같은 단순한 활동부터 개발, 디자인, 애프터서비스 관리 등을 제품 개발이나 생산, 공급에 통합시키는 복잡한 활동까지, 그리고 단일 제품과 서비스를 포함하는 기본적인 패키징부터 공급사슬의 서로 다른 부문을 포함하는 복잡한 오퍼링까지 다양하나 제조와 서비스를 결합한다는 점에서는 모두 공통적이다.

그러나 제조 서비스 범주에 들려면 제공되는 서비스가 제품이나

[표 1-3] 제조 서비스 예

구분	내용
소유 모델	고객이 제품을 소유하지 않고 렌트 또는 리스하여 사용하고 정기적으로 요금을 지불
판매자와 구매자 간 위험 재분배	생산자가 제품과 관련한 위험을 더 많이 부담
장기 서비스 계약	1회성 거래보다 장기 계약에 의해 서비스 제공
고객과의 관계 발전	특정 거래 유형으로 상호작용하는 대신 고객과의 지속적인 관계 발전
고객의 가치사슬 참여 증대	제품의 디자인과 생산 등에 고객 참여 증대

제조 프로세스와 직접 관련성이 있어야 한다. 제조 서비스에서 핵심 요소 중 하나는 서비스 제공이 아니라 서비스가 제조와 관련되는 방식이다. 이 점에서 제조 서비스 융합과 전체 경제의 제조업체가 제품과 관련이 없는 서비스를 제공하는 것에서 비롯된 제조업과 서비스업 간 구분이 모호해지고 있는 현상과는 다소 다르다. 이러한 활동들은 그 범위가 넓기 때문에 정확히 특성을 파악하기는 어렵지만 몇 가지 공통적인 특성을 식별할 수 있다.

제조 서비스 특성

제조 서비스 융합과 제조 서비스는 다소 차이가 있다. 제조 서비스 융합은 전체 경제에 영향을 미치는 일종의 트렌드로서 활동 유형에 초점을 둔다. 이에 비해 제조 서비스화는 개별 제조업체에 초점을 맞춰 업체들이 단순 제조로부터 제조 활동(제품)과 서비스 활동(서비스)이 결합된 비즈니스 모델로 이행하는 프로세스를 설명하고 있고, 제품 관련 서비스 개발이 핵심을 이루고 있다. 제조 + 서비스 융합도 제조 서비스의 하나의 방법이다.

05

제조 서비스화
도입 시기

제조 서비스화는 언제 도입해야 하는가

제조 서비스화의 동인은 고객 지향, 시장 진화, 아웃소싱, 기술 발전의 네 가지 관점에서 볼 수 있다.

첫째, 고객 지향. 제품과 고객의 관계가 현재는 고객의 요구에 따라 제품을 개발하거나 제품에 서비스를 포함해 출시가 필요할 때 추진되는 것이다.

둘째, 시장 진화. 제품·산업의 생명주기가 짧아짐에 따라 기업은 시장의 진화 방향에 맞추어 기존 제품에 대한 새로운 가치 창출을 통해 시장 확대 및 연장이 필요할 때 도입을 적극 검토한다.

셋째, 아웃소싱. 아웃소싱은 장점이 여러 가지인데 핵심역량 강화, 비용 절감, 운영 효율성 증대의 효과를 얻을 수 있다. 서비스화는 이 중 핵심역량, 운영 효율성 등을 위해 실행되는 경우가 많으나 소비자가 가장 많은 혜택을 받을 수 있는 방법을 검토해 선택되는 방법이다.

넷째, 기술 발전. 제품에 대한 고객의 신뢰도, 불만 사항에 대한 예방적 차원, 애프터서비스의 신속한 지원, 클레임 관련 고객 응대 등의 서비스 등을 고객 관리 차원에서 제공해야 할 때 검토한다.

그러면 서비스화의 도입은 언제 하는 것이 유용한가? 다음에 열거한 내용에 해당된다면 가능한 빨리 도입하는 것이 시장 경쟁력 및 매출 증대에 도움이 될 것이다.

- 현 제품의 시장이 포화 상태에 이르렀을 때(전체 시장이 감소 추세로 돌아섰다)
- 현 제품의 시장 점유율이 몇 년간 계속 감소할 때(특히 가격 경쟁 상황인 경우)
- 경쟁 제품의 시장 경쟁력의 증대가 가격 경쟁이 아닌 제공 가치가 다를 때(애프터서비스 기간 증대, 유통 방법 변화, 사용 방법 개선, 1년 내 고장 시 제품 교환 등)
- 고객의 욕구가 변해 시장의 가치가 이동하고 있을 때(편리성, 시간 절약 등)

- 현 제품 종류의 구매보다 유사 제품의 구매이 증대될 때
- 새로운 수요 창출 기회를 얻고 싶을 때
- 현 제품의 시장이 포화 상태로 정체 또는 감소 추세인 경우, 자사 제품의 시장 점유율이 가격 경쟁이 아닌데도 몇 년간 계속 감소할 때

그런데 도입을 주저하든가, 도입이 늦어지는 경우가 적지 않다. 원인은 회사 내부 의사 결정자들의 생각과 회사 분위기에 있다. 그러나 이 부분에 대해 지적을 하면 경영자는 대부분 그렇지 않다고 주장한다. 가장 큰 문제는 고객 중심적 사고에 대한 오해다. 자기 중심적이 아닌 시장 중심적 사고가 매우 중요하다. 이것이 어려운 이유가 있다.

첫째, 20년 이상 경력의 상위 경영층은 제품 중심의 환경에서 훈련을 받아왔다. 만들면 팔리고 잘 안 팔리면 가격을 낮추어서 팔면 되고 밀어내기도 했다. 심지어 인기 제품과 끼워 팔기도 한다. 이렇게 하면 대부분 제품이 팔렸다. 이제는 그런 시절이 아니다. 이들이 경험한 것과는 다른 환경이 조성된 것이다. 제품 개선, 시장 점유율 및 수익 증대에 대한 다양한 방법을 익힐 수 있는 집중적인 훈련이 필요하다. 특히 스스로 변신해야 한다.

둘째, 기업 성공 시 성공하는 현상 때문에 고객 중심적 사고가 어렵다. 과거에 성공한 회사들의 경영자는 성공 방정식을 알고 앞으

로도 그렇게 하면 또 성공할 것으로 생각한다. 가능한 이야기다. 그러나 시장 환경이 변한 것을 간과하는 경우가 많다. 이것이 회사 내의 혁신을 무시하거나 지나쳐버린다. 과거의 성공에 안일하게 빠져 있지 말고 시장의 목소리를 다시 들어보기를 제안한다.

제조 서비스화는 어떻게 도입해야 하는가

서비스화를 도입한 선진국의 경우, 제조업의 기술이 향상되고 경쟁이 치열해지면서 제품의 경쟁력 저하 및 제품 공급 과잉 등으로 수익성이 악화되고 있다. 이러한 현실을 타계하기 위한 방법을 찾는 전략적 접근에서 시작되었다. 서비스화의 목표는 제품의 차별성 구축, 소비자의 선호도 증대를 통해 매출 및 이익을 증대시키는 것이다. 그래서 주로 다음 현상이 나타났을 때 도입하면 성과를 더욱 높일 수 있다.

첫째, 제품 특징의 정확한 분석과 고객의 사용 경험 연계성을 파악한다. 사용 시 불만 및 불안 사항, 소비자가 미심쩍어하는 사항, 새로운 개선 사항 비용이 과다하다는 생각, 사용 방법의 어려움 등을 파악하는 것이다.

둘째, 고객 사용 시 문제점, 보완할 사항을 확인한다.

셋째, 고객 사용 만족도를 증대시킬 수 있는 방법을 도출한다. 구매 비용 절감, 분할 판매, 효과 측정 기능 설치, 애프터서비스 방법과 소요 시간 등을 도출하는 것이다.

넷째, 다양한 서비스 제공 방법 중 자사 제품과 자사 활동에 적합한 내용을 확인한다. 기업에 제공했던 다양한 서비스 중 경쟁력을 갖출 수 있는 사항이 이에 해당한다.

다섯째, 실제 도입 시의 도입 비용, 도입 시 회사가 해야 할 일(변신 포함-제도, 종업원의 사고와 행동), 성과 예측 등을 정리한다.

여섯째, 실제 도입 시의 성과 확인 후 서비스 도입 내용과 활용 방법을 결정한다. 실행 시 일정 기간 테스트를 거쳐 결과 및 보완, 수정을 통해 실제 실행 방법을 결정하는 것이다.

일곱째, 실시 및 보완, 수정 그리고 정착한다. 시장 및 경쟁 환경 분석 단계, 사업 방향 및 사업의 개념 정립 단계, 서비스화 추진 내용 결정, 서비스화를 위한 조직 구성원의 역할과 자세 정립, 추진 방안 수립 등 5단계로 구성돼 있다.

제조 서비스화의 성공 결과는 무엇으로 판단하는가? 서비스화 도입 후 매출액을 점검하면 기존 제품과 서비스화 제품의 매출액 비중을 확인할 수 있다. 이때 서비스화 제품의 매출액이 50% 이상이면 이는 사업 개념이 제조업이 아닌 서비스 회사로 전환되는 것이다. 사업 개념의 변화가 중요한 이유는 제조와 서비스 업태 회사의 인원 및 조직 형태, 고객 응대 방법 등이 바뀌어야 서비스화를

[표 1-4] 주요 회사의 서비스 수익

회사	생산	서비스
BAE 시스템즈	50%	50%
롤스로이스엔진	50%	50%
제록스	46%	54%
알스톰	60%	40%

자료: 팀 베인스(Tim Baines), 애스턴대학교연구소. 2014.10.16.

[표 1-5] 신규 사업에 진출한 대표 기업

회사	기존 사업 → 신규 사업
IBM	PC 부문 매각 → 컨설팅 부문 매입
GE	사업 포트폴리오를 서비스 중심으로 재구성 → 금융, 헬스케어, NBC유니버설
소니	서비스 매출 비중 28%(2008) → 게임, 영화, 금융
제록스	복사기 제조 → 문서 관리 시스템
HP	제품 판매 → 서비스 판매

제대로 실행할 수 있기 때문이다.

주요 회사의 제품 서비스 수익을 알아보면 [표 1-4]와 같다. [표 1-4]에서 언급한 4개 회사 중 제록스는 제조회사가 아닌 서비스 회사다. [표 1-5]의 사례는 새로운 사업 방법 또는 신사업으로 진출해 성공한 대표적인 기업과 사업을 소개한 것이다. IBM은 PC 부문을 왜 매각하고 컨설팅 사업을 전개했는가? 제록스는 복사기 제조 기업에서 문서 관리 시스템 기업으로 변신을 했는가? 해당 전략 수립 시의 시장 상황 및 고객, 경쟁 동향은 어떠했는가. 이 상황에 여러 가지 변신 방향이 있었을 텐데 왜 해당 사업을 선택하고 변신했는가?

한국의 기업에는 방향을 제시하는 것보다 해당 상황을 극복하고 전략을 결정하는 과정과 사례가 필요하다. 이를 보면서 해당 기업의 변신 시기와 기회를 확인할 수 있으며 방법 및 전략 도입 시에도 변신 방향을 선택할 수 있다.

제품의 서비스화에 대한 구분은 학자들마다 매우 다양하지만 중소기업이 참고할 만한 국내외 사례를 유형화한다면 서비스 도입의 목적(제품의 이익 추구, 서비스의 이익 추구), 활용 서비스의 혁신성(개량형, 창조형)에 따라 크게 네 가지로 구분할 수 있다.

PRODUCTION

2장

초불확실성 시대가
도래하고 있다

SERVITIZATION STRATEGY

제품 수요
혁신이란

서비스화의 기본 목적은 고객에게 또 다른 혜택의 제공을 통해 제품 차별성을 구축해 제품이나 서비스의 매출을 증대시키는 것이다. 어떤 방법이든 고객의 만족도를 높여야 한다. 이를 위해 다양한 서비스를 제공해야 한다. 만약 서비스화를 통해 매출 및 이익 증대에 공헌하지 못한다면 이는 서비스화를 이룬 것이 아니다.

2008년 금융위기 이후 우리나라 경제는 저성장에 놓이면서 과잉 생산과 시장 규모 축소라는 어려움을 겪었다. 이런 상황은 현재까지 지속되고 있다. 유사 제품, 유사 방법의 유통과 판매는 가격 경쟁밖에 할 수 있는 일이 없는 것이다. 그 결과 중소기업은 매출 감소 및 적자 경영을 하게 되었다. 새로운 사업 방법을 제시하지 못하

[그림 2-1] 기업 변신 방향

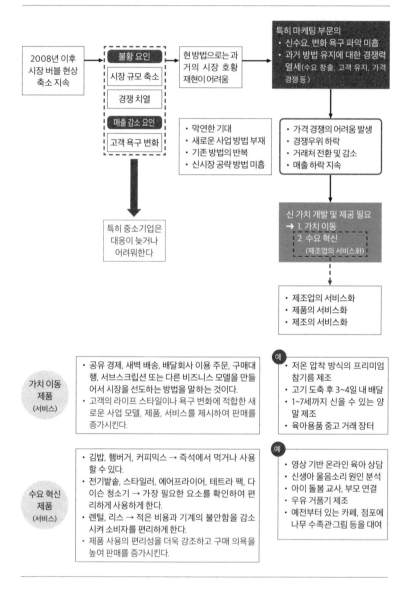

고 막연한 기대를 하거나 새로운 시장 공략 방법이 없는 상황에 놓이게 된 것이다.

시장 공략을 위해 신제품을 개발하는 것은 그리 쉬운 일이 아니다. 따라서 거의 모든 회사는 자체 상품의 수요를 증대시키든가 (수요 혁신), 고객의 욕구가 변하므로 해당 욕구에 적합한 가치를 찾아 이를 제공하는 방법(가치 이동)중 하나를 선택해 제품을 차별화하고 시장을 공략해야 한다. 수요 혁신은 여러 가지가 있으나 그중 제조·제품 서비스화를 가장 많이 사용한다.

고객 욕구 파악은
필수 사항이다

고객의 욕구는 구체적으로

고객 욕구 파악은 필수사항이다. 소비자에게 직접 인터뷰, 설문 조사, 핵심 그룹 미팅 등을 통해 얻는 방법이 있다. 소비자 시장에서 판매를 담당하는 중간 딜러, 즉 영업사원, 대리점, 도·소매상 점주를 만나서 현장의 상황 확인을 통해 소비자의 만족도, 불만 사항, 미충족 욕구, 최근의 욕구나 시장 트렌드를 확인하는 방법도 있다.

소비자에게 직접 의견을 파악하는 방법은 소비자 욕구의 특성을 파악할 수 있어 욕구의 재정립이 가능하다. 특히 소비자의 숨은 욕구 파악을 위해 충족시켜주지 못한 욕구, 즉 미충족 욕구를 확인할 수 있다.

중간 판매자의 의견은 소비자의 구매 행태, 가격과 가치에 대한 반응, 새롭게 이동하는 고객의 욕구 방향, 나아가 목표 고객의 반응 등을 빠르고 정확하게 파악할 수 있어 활용이 가능하다.

마케팅에서 이 두 가지 고객 욕구 파악 방법은 수시로 부지런히 확인해야 한다. 게을리하면 그만큼 시장 경쟁, 고객 선호도에서 눈에 보이지 않는 시장 열세를 느끼게 된다. 시장이 흐르면서 현실로 확인되는데 이때는 시장 및 경쟁에서 회복을 위한 노력과 자금이 꽤 필요하게 된다. 복잡하고 많은 것 같지만 이들을 확인할 수 있는 접점과 확인 가능 노하우를 구축해야 한다.

경영 환경의 불확실성은 날로 증가하는 추세다. '불확실성의 시대'(Uncertainty, 케네스 갤브레이스)를 넘어 최근에는 '초불확실성 시대'(Hyper uncertainty, 배리 아이켄그린)라는 용어로 현재의 경영 환경을 대변하고 있다.

초불확실성 시대에 기업이 생존하려면 미래에 발생할 수 있는 경영 위험까지 감안해 종업원·주주·소비자를 모두 만족시켜야 한다는 차원에서 '지속 가능 경영'이라는 개념이 강조되고 있다. 지속 가능 경영이란 미래 세대가 그들 스스로의 필요를 충족시킬 능력을 저해하지 않으면서 현세대의 필요를 충족시키는 성장 계획이다.

'지속 가능한 흑자 경영'은 모든 기업이 추구하는 목표다. 이 목표를 달성하기 위해 기업은 성장 동력을 개발하고 고객 가치 창출과 전략을 설계하고 경영 프로세스를 개선하기 위해 부단히 노력한다. 하지만 베인앤드컴퍼니의 연구 결과에 따르면 지난 10년 동안 이 목표를 달성해 생존한 기업은 10%도 채 못 되는 것으로 나타났다.

왜 지속 가능한 흑자 경영 달성에 실패하는가. 원인을 보면 종전에는 시장 점유율 하락, 경쟁 격화, 기술 진보 부진 등과 같은 외부 요인에서 찾았다. 최근에는 오너십 약화, 의사 결정 지연, 시장 현장과 괴리되는 의사 결정 등 내부 요인에 더 문제가 생겨 '성장의 함정'에 빠지는 것이 실패 기업의 85%를 차지하는 것으로 나타났다.

각종 위기론에 민감한 한국 기업은 '저성장 늪'에 빠져 미래 성장 동인을 찾는 데 골몰하고 있다. 성장 둔화 요인을 아직도 중국의 추격 등과 같은 외부 요인에서 찾고 있다는 점이 우려스러운 실정이다. 이는 한국 기업인의 '스스로의 도피'다. 이런 사이에 4차 산업혁명뿐 아니라 반도체를 제외한 현존하는 산업도 순식간에 중국에게 추월당했다.

한국 기업은 내부적으로 '창업자 정신'에 기반해 모든 조직원이 주인의식이 있는지, 철저하게 현장 중심적 의사 결정과 사고 체계가 있는지, 뚜렷한 고객층을 위한 책임이 있는지 반문해봐야 할 때다. 이 같은 시각에서 월가의 삼성전자 코스피지수 퇴출 농담도 정책 당국자뿐 아니라 한국 기업인 모두가 새겨들어야 한다. 또 기업은 성장할수록 가장 먼저 '과부하$_{Overload}$' 위기가 찾아오면서 급속한 사업 팽창에 따라 신생 기업이 겪는 내부적인 기능 장애에 봉착한다. 과부하 위기는 '속도 저하$_{Stall-out}$' 위기로 전이되어 기업 규모가 커짐에 따라 조직 복잡성이 증가하고 초창기 조직을 이끌었던 명확한 창업자적 미션이 희미해짐에 따라 성장 둔화를 겪는다.

고객의 욕구는 정확하게

제조 서비스화 전략 수립 시 고객의 현황을 정확히 확인하는 것이 가장 중요하다. 고객의 현황을 정확하게 파악하는 방법에는 두 가지가 있다. 첫째, 현재 사용하고 있는 현상에서 나타나는 불편함과 고충, 불만족 사항 등을 확인한다. 둘째, 현 제품이 고객이 사용할 때 미처 제공하지 못하는 미충족 욕구를 파악한다.

이 두 가지를 정확히 파악해야 제대로 된 서비스를 제공할 수 있다. 정수기 서비스화 내용을 중심으로 확인해보자. 정수기 서비스에서 고객은 필터 교체를 불안하게 생각한다. 필터 교체 시기를 제대로 확인하지 못하면 정수기를 사용하는 이득을 얻을 수 없기 때문이다. 소비자 입장에서 이 시기를 파악하기 어려운 점이 불안 요소에 속한다. 이사 등으로 이동 시의 조작 방법이 불편한 요소 중 하나가 될 수 있다. 애프터서비스가 불만족 사항에 속한다. 우선 애

CRM은 현재의 고객과 잠재 고객에 대한 정보 자료를 정리, 분석해 마케팅 정보로 변환함으로써 고객의 구매 관련 행동을 지수화하고, 이를 바탕으로 마케팅 프로그램을 개발, 실현, 수정하는 고객 중심의 경영 기법을 의미한다.

프터서비스 기간이 문제가 될 수 있으며 애프터서비스에 대한 즉각적인 조치가 늦어질 때, 애프터서비스 비용이 예상보다 많을 때 등이 이에 속한다. 물론 정수기 구매 가격을 상대적으로 비싸다고 느끼는 고객이 있을 수 있다.

그러면 정수기 사용 욕구는 무엇인가. 더 깨끗한 물을 먹는 것이다. 고객은 좀 더 깨끗한 물을 먹고 싶어 한다. 고객이 생각하기에 더 깨끗한 물을 유지하려면 어떻게 해야 하는가? 정확한 시기에 전문가가 유지 관리, 필터 교환, 애프터서비스 등을 제공해 항상 최상의 깨끗한 물을 먹을 수 있게 해야 한다.

소비자의 불만 사항과 미충족 욕구를 구분해보자. 불만 사항은 음식이 맛이 없다는 것이고 미충족 욕구는 맛은 있는데 좀 부족한 것을 말한다. 또는 무엇을 첨가하면 더 맛이 좋을 것 같은 것을 말한다. 이런 현상은 소비자가 가끔 느껴볼 수 있는 상황이다. 그래서 각자 자기만의 음식 레시피를 갖고 있기도 하다.

고객의 불편함과 미충족 욕구를 정확히 확인하려면 어떤 방법이 효과적일까? 대부분 이 사항들을 파악하는 데 정확성, 부지런한 행동, 파악 내용 범위의 부족 등으로 뾰족한 해결 방안이 부족해 실패하거나 성과가 낮게 나타난다. 그래서 대부분 해보았더니 안 되었다고 불평을 늘어놓는다.

제대로 하는 방법과 과정을 찾아서 실천하는 것이 상책이다. 일반적으로 고객 고충과 미충족 욕구를 파악하는 데는 우선 해당 제품이나 서비스의 특징을 정확히 파악하고 이 특징들의 혜택을 열거해 시장조사를 한다.

시장조사는 당연히 사용자(고객)의 의견을 파악하는 것도 있지만 제품이나 서비스를 취급하는 영업사원이나 도·소매상 또는 거래자(딜러) 등의 의견도 꼭 확인한다. 이때 영업사원이나 딜러들의 고객 상대 및 판매하는 과정을 동행해서라도 확인해야 정확한 내용을 획득할 수 있다. 영업사원의 경우 제품이나 서비스의 가격과 특징을 전하거나 비교 분석을 설명하는 것이 일반적이다. 이런 방법은 경쟁력을 갖추는 데 도움이 되지 않기 때문에 가치, 즉 고객의 혜택(가치) 중심의 제안 사항이 있는가의 확인이 매우 중요하다. 만약 이런 내용이 부족하다면 가장 큰 지적 사항이 될 수 있다. 제품, 제조의 서비스화는 가치 중심의 판매 방식이기 때문이다. 따라서 제품, 제조의 서비스화를 실시할 경우에 영업사원을 가치 중심 판매 방법으로 재무장시켜야 한다.

이 두 가지 사항을 파악하면서 목표 고객을 선정해 파악하는 것과 제품 서비스 특징의 검토 후 차후 목표 고객을 선정해 실행하는 방법이 있다. 이는 실제 조사 결과 후 재정립해 실행해야 시장에서 보다 높은 효과를 얻을 수 있다.

공급자가 아니라 사용자 입장을 고려해야

기업의 핵심 가치와 개인별 가치관의 우선순위에 차이Gap가 발생하는 것은 자연스러운 현상이다. 이 갭은 기본적으로 저항과 피로를 줄이는 방향으로 모색해야 한다.

때로는 같은 프로그램이라도 각 그룹 특성을 반영한 타깃별 실행 전략이 필요하다는 의미다. 같은 독서 모임이라도 연구부서는 학습·토론 중심, 영업부서는 티 미팅이나 사례 공유 위주로 가벼운 접근을 유도하는 것이 효과적이다.

새로운 욕구(예)를 검토해보자. 삶의 질의 향상을 추구하고 있는데 자연주의, 웰빙을 선호하고 가족·건강·여가 등에 관심이 높아지고 있으며 제품·서비스 선택 시에는 감성, 미적 감각, 체험(느낌), 재미 등을 우선적으로 생각한다.

그리고 구매 시에는 이성 소비를 지향하나 자기가 갖고자 하는 것에 대해서는 만족도를 높일 수 있다면 가격을 따지지 않는 소비 행태를 보이고 있다. 소비 방향은 효율, 개성, 스피드, 자기계발 등이 기본적인 축이 되고 있다.

여러분 회사의 제품·서비스에 제공할 가치를 이 내용을 이용해서 정리해보라. 그러면 무엇을 실천해야 하는지 명확하게 확인할 수 있을 것이다.

인간 중심의 관점에서 해소하는 방법을 찾아내야

에어컨의 경우 에어컨 바람에 민감한 소수의 사용자를 심층 분석해 피부에 바람이 닿지 않으면서 냉방이 가능케 하는 기술을 개발해 고가에도 20만 대 이상 팔렸다. 에어컨 사용자나 구매 고객을 대상으로 설문조사를 하면 대다수가 "전력 소모가 많다, 소음이 크다, 가격이 비싸다" 같은 불만과 이에 대한 개선을 요구한다. 다른 잠재된 불만과 요구는 없을까.

'극한 사용자'에게 눈을 돌려볼 것을 권한다. 극한 사용자란 대다수 사용자와는 다르게 살고 생각하고 소비하는 소수의 사람을 말한다. 그들에게서 우리는 정형화되지 않은 관점과 통찰력을 얻을 수 있다.

에어컨에 대한 다른 시각을 포착해 개발된 상품이 무풍에어컨이다. 개발팀은 가정용 에어컨 사용자만이 아니라 600여 개 대형 호텔, 쇼핑센터, 비행기의 에어컨디셔닝, 에어컨 수리자를 만나 인터뷰하고 관찰했다. 사용자의 잠재된 욕구를 찾아내고 기술, 특허를 고려한 신상품 기획에 많은 고민을 했다. 그중에서 '에어컨 바람에 민감한' 극한 사용자를 새로운 고객층으로 파악했다. 극한 사용자가 아니라 보통 사람들도 에어컨 바람이 지속적으로 피부에 닿는 것이 싫었던 기억이 있을 것이다[이경원, 「혁신 실마리 찾으려면 '극한 사용자'를 보라」,《한국경제》, 2017년 3월 2일].

고객이 있는 현장에 가서 충분한 시간을 투자해 고객을 만나보자. 사용자를 유심히 관찰하고 그들에게 물어보고 체험도 해보자. 거기서 얻은 정보를 토대로 사용자의 필요를 만족시키는 아이디어를 찾아보고, 다시 고객의 테스트와 피드백을 받아서 꾸준히 개선해보자.

이미 패션 스타트업들은 소셜네트워크서비스와 큐레이션(맞춤형 추천), 온·오프라인 연계[020] 등 다양하고 새로운 트렌드와 자유자재로 결합하며 패션 의류 시장의 변화를 주도하고 있다. 2011년 설립된 스타트업 '스타일쉐어'는 온라인 의류 판매가 아닌 패션 정보를 공유하는 소셜네트워크서비스로 서비스를 시작했다. 이후 2016년 쇼핑 기능을 추가해 가파른 속도로 성장 곡선을 그리고 있다. 2018년 거래액이 200억 원을 넘어섰다는 데서 이를 확인할 수 있다.

식품은 어떠한가. 1인 가족의 증가는 식품의 다양한 분야에서 많은 변화를 제공했다. 집에서 음식을 해 먹기보다 '밖에서 먹는 음식'에 익숙해진 소비자의 변화를 정확하게 짚어냈다. '새벽 배송'으로 식품·유통 업계에서 주목받고 있는 마켓컬리와 프리미엄 반찬을 온라인으로 배달해주는 배민찬, 축산물 직거래 유통 플랫폼인 미트박스 등이 대표적이다.

직거래의 핵심은 물류 혁신이다. 스마트폰 앱을 매개로 배달 또는

배송 서비스를 직접 운영하거나 중개 대행함으로써 B2B(기업과 기업

간 거래), B2C(기업과 소비자 간 거래), C2C(소비자와 소비자 간 거래) 시장

까지 확대해나가고 있다.

시장 변화
트렌드 파악

트렌드란 개개의 단편적인 현상이 어떻든 전체로서의 변화의 큰 흐름이 어떤 방향으로 변화돼가는 것을 말한다. 전체적인 시대 변화에 어려움이 있다든가, 예전보다 판매율이 감소하는데 경쟁에 의한 것이 아니라면 기본적으로 트렌드에 적합한 제품·서비스가 부족한 것이다.

트렌드는 인구통계적·경제적·기술적·사회적·문화적 환경의 변화에서 나타나는 것이므로 변화에 대해 관심을 갖는다면 어느 정도 확인이 가능하다. 트렌드에 대한 대응 시기가 늦거나 대응 방법이 달라서 적응하기가 어렵기도 하다. 경영에 어려움을 겪기도 하며 경영자가 드러내지는 않지만 경험한 경우도 적지 않다.

전략적인 면에서는 기본적으로 활용하는 패러다임이 변화(기업 환경에 미치는 주요 영향 요소의 변화)한다. 패러다임 변화에 적합한 비전과 계획 수립, 시장 변화에 적합한 사업 정의(업의 본질) 설정에 영향을 주기 때문에 트렌드에 맞추어 적합한 적응 방안(솔루션)을 개발하면 성과를 더욱 높일 수 있다.

경쟁 방법의 변천사를 보자. 처음에는 보다 좋은 제품을 만드는 것이 경쟁력이 되었다. 그 후에는 누가 먼저 소비자가 원하는 제품을 만드냐는 것이 핵심역량이 되었다. 최근에는 기술과 제품의 질이 비슷해지고 경쟁이 치열해지면서 해당 제품·서비스가 소비자를 공감시키는 정도, 사업 방법 우위가 경쟁우위 요소가 되었다. 이것이 변하는 트렌드의 기본 흐름이라 할 수 있다.

화장품 전문점 더페이스샵, 미샤는 영국 회사인 바디샵의 비즈니스 모델 검토를 통해 새로운 화장품 사업을 도출했다. 그 결과 짧은 시간에 목표를 달성했으며 더페이스샵은 단시간에 업계 3위까지 올랐다. 경쟁사도 아닌 회사가 하는 방법이라고 무시할 것이 아니라 트렌드에 적합한 방법이라고 판단되면 구애받지 말고 도입해야 한다. 화장품은 백화점이나 종합 화장품점에서 구매한다는 기존 개념이 변화된 것이다. 즉 저가 화장품 구매 시에도 화장품에 대한 자문을 받고 더욱 깨끗한 환경에서 구매하고 싶은 욕구에 대해 적절한 대응 전략을 세워 성공한 것이다. 따라서 산업 전체의 아이디어나 새로운 사업 방법이 있는가를 수시로 파악해야 한다. 새로운 사업 방법을 경쟁 회사가 먼저 도입해 성공하면 시장 경쟁에서 열세에 빠질 수 있으므로 경쟁자의 행동 파악 및 전 산업 시장의 변화를 확인하는 정보망 설치 및 활용하는 자세가 필요하다.

한편 감성(재미 + 즐거움)을 매우 좋아하며, 일시적인 충동이 아닌 실제 체험 중심을 중요시하고 있다. 그 결과 자기만족(개성)을 가장 중요하게 여기는 구매 행태를 보일 것이다. 그리고 삶의 질에 대한 관심이 매우 증대되고 있다. 특히 환경 친화적인 사고 방식, 제품 등의 선호가 증가하고 소득의 양극화, 선호도의 다양화로 고가와 저가 시장이 서로 공존하고 있다.

가족이 어머니, 부인 쪽을 중심으로 관계 형성이 증대되어 친가보다 외가를 선호하고 어머니의 의사 결정이 많은 영향을 미치는 신모계 사회가 형성되고 있다. 이제는 기업 경영 의사 결정이 국내 시장이 아닌 세계 시장을 겨냥해 이뤄지고 있어 글로벌라이제이션의 문화가 형성되고 있다.

최근의 주요 트렌드를 검토해보면 [표 2-1]과 같다. 같은 가격이면 더욱 몸에 좋고, 편리하고, 멋이 있으면 좋다(웰빙). 또는 가격이 좀 높더라도 더욱 높은 가치를 얻을 수 있는 것이면 구매한다(매스티지). 시장에서 비싼 것도 싼 것도 아닌 것은 그리 호응을 얻지 못하고 있다. 비싸면 좋든가, 저렴하면 실용적이든가 이제는 둘 중 하

[표 2-1] 트렌드별 주요 사례와 필요 가치

트렌드	현재	주요 사례	앞으로 필요 가치
감성 느낌·맛·색상·분위기가 좋다.	디자인이 좋고, 맛있고, 감성을 가미한 제품·서비스를 더욱 많이 찾고 있다.	• 베이커리 카페의 증가 • 도넛 시장의 증대	• 맛·분위기·서비스 등 감성 이미지의 고급화 더욱 선호
가족과 같이 가족에게 소개하거나 가족과 같이 와야 한다.	핵가족화 확대와 여가 시간이 증대되면서 가족과 같이하는 시간이 증가하고 있다.	• 외식 증가 • 웰빙 제품을 우선 구매 • 소포장 제품 판매 증가 • 주부, 자녀가 구매 의사 결정 참여	• 가족 중심 프로그램, 특히 부부 중심 즐기는 프로그램 선호 • 가족 중심 먹거리 업체 선호
여가 활용 여가를 즐기는 곳의 정보를 많이 확보한다. 비싸도 정한 곳이면 이용한다. 여가 시간 이용을 극대화한다.	여가의 범위는 넓다. 해외여행자 수, 골프·스키 인구수, 워터파크 이용자 수, 전문 커피숍이 많아지고 있다.	• 해외여행객 증가 • 가계 지출 중 여가 비용 증가 • 골프, 스키 등 여가 생활 다양화 • 여가 시간 증대	• 멋있는 장소 찾아감 • 풀빌라, 부티크 호텔 등 신개념 여가 시설 선호 • 골프 이용자의 연령대가 낮아짐 • 맞춤식 여행 선호
웰빙 나와 가족의 건강에 좋은 것이다.	좀 더 영양가가 있는 제품, 야채, 황토, 천연, 국산 제품 등의 매출이 증가하고 있다.	• 건강식품 판매 증가 • 천연 원료 제품 선호 • 유기농 식품 점포 증대	• 천연 재료 이용 요리 증가 • 유기농 제품 판매 점포 증대 및 다양한 형태의 점포 출현
영 마인드 이것을 사용하면 더욱 젊어진 느낌이 든다.	색조·미백 화장품, 피트니스 클럽, 영 캐주얼의 구매 비중이 높아지고 있다.	• 미백 화장품, BB크림 판매 증대 • 캐주얼 매장 주부 구매 증가 • 살찌지 않는 제품 선호	• 피트니스센터, 바디, 스킨케어 스파점포 선호 • 주부용 55사이즈 출현 • 부분 전문 성형외과 선호
매스티지 비교적 적은 비용으로 고급스러움을 느낄 수 있다.	고가의 명품은 아니더라도 비용을 좀 더 지불하여 고급이며 품위 있는 제품을 구매한다.	• 메트로시티, 코치 브랜드 핸드백의 매출 증가 • 베이커리 카페증가 • 프리미엄 식품매장 선호	• 단일품이 아닌 다른 제품으로 확대 • 전문 점포 개설 등으로 고객 만족 분야를 확대
시간 활용 바쁘거나 시간 절약에 도움이 된다.	배달, 택배, 예매, 할인점 이용 등 시간을 절약할 수 있다면 경쟁력을 갖출 수 있다.	• 배달 위주 점포 매출 증대 • 배송 회사 매출 증대 및 신설 회사 증가 • 할인점 이용 증가	• 다양한 배달 형태의 서비스 출현 • 예매·예약·구매 대행 서비스 증가
편리·편의성 생활을 영위하는 데 편리한 것인가 또는 편의성을 제공하는가.	청소, 이사, 야식, 배달 등의 이용률 증가 및 사업 매출이 증대하고 있다.	• 청소, 이사업체 증가 • 다양한 배송 회사 출현 • 예약 제도 인기	• 다양한 서비스의 편의 서비스 선호 • 배달 사업의 다양화 창업 시 배달은 필수 • 다양한 A/S 출현
가격 변화 가격이 저렴하여 효용도를 높일 수 있다.	가격이 저렴한 제품이 잘 팔린다. 그러나 효용도 높아야 한다. 단, 저렴한 가격은 오래 유지할 수 없다.	• 할인점 이용 증대 • 미샤, 더페이스샵 등 저가 화장품 전문점 이용 증대	• 더욱 전문화된 제품 할인점 필요 • 관련 상품 확대 멀티숍 할인점

매출 증대	품질만 가지고 매출을 증대시킬 수 있는 방법은 별로 없다.	제품의 기본 특징과 부가 기능이 정확하고 구매 시 자금 부담을 덜어준다.	• 매출 증대를 위한 다양한 전략 필요: 제품의 고급화, 패션화, 기능화 등
생산성 증대	구매한 제품이 얼마나 생산성 향상에 도움이 되는지 알고 싶어 한다.	경험이 적은 직원도 다룰 수 있다. 제품 조작이 그리 어렵지 않다.	• 근무 생산성 증대를 위한 검증 프로그램 중시
비용 절감	구매한 제품이 얼마나 투입 비용 감소에 공헌을 하는 것이 구매의 요점이다.	구매 제품이 저렴한데 고장이 잦다면 해당 제품은 생산을 중단해야 한다.	• 내구성, 고장이 적은 제품 • 업무 단계 감소 제품을 선호

나를 선택해야 사업 기회가 더 많이 발생한다. 그리고 편하게 하든가, 편리해야 하고, 나아가 제조·판매·배달·애프터서비스 등 신속성을 갖추지 않으면 경쟁력이 떨어질 수밖에 없다. 제품·서비스의 단순한 가치보다 우리의 문제나 욕구를 전체적으로 해결해준다면 가격이 높아도 구매를 검토해볼 의향이 있다. 그러나 성과는 확실히 나타나야 한다. 결국 고객이 구매하면 무엇을 느낄 수 있게 해야 하는가. 내가 이것을 가지고 있거나 사용하면 나만의 자부심을 느낄 수 있다면 보다 높은 가격으로 보다 많이 팔 수 있다.

앞으로 고객의 필요 가치는 무엇인가? [표 2-1]과 같이 해당 필요 가치를 이해하고 여러분 회사의 제품·서비스의 변화에 활용해보면 새로운 아이디어를 찾을 수 있을 것이다. 또 각각을 연계해 생각해보면 활용 가치가 있을 것이다.

[그림 2-2] 국내 렌털 시장 전망

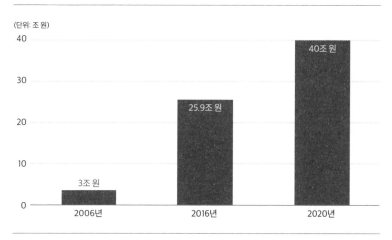

(단위: 조 원)

자료: KT경제경영연구소

[그림 2-3] 생활가전용품 렌털 시장 전망

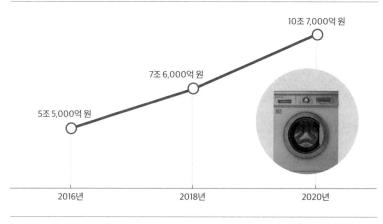

자료: KT경제경영연구소

렌털

웰스 식물 공장. 쌈채소와 샐러드, 허브, 특용작물 등 40여 종의 모종을 180만 개 생산할 수 있다. 식물 생장에 필요한 온도와 습도, 공기 순환을 자동으로 제어하며 농약을 쓰지 않는다. 가정용 식물 재배기를 렌털한 고객에게 여기에서 자란 모종을 두 달에 한 번씩 배송해준다. 식물 재배기에서 1주일만 키우면 신선한 채소를 먹을 수 있다. 렌털 가격은 월 2~3만 원대다. 시작된 지 한 달도 안 됐지만 식물 재배기 7,000개가 임대됐다. 직원이 주기적으로 방문해 배양액 교체 등 관리를 해준다.

불경기의 장기화, 1인 소형 가구 급증, 소비 패턴의 변화, 소유에서 사용을 중시하는 소비자의 인식 변화, 자신 중심의 소비 증가 등이 렌털 시장 증대의 원인이 되고 있다.

렌털 서비스가 진화를 거듭하고 있다. 시장이 점점 커지고 있는 만큼 취급 품목도 다양해졌다. 국내 렌털 산업은 1970년대 건설 분야에서 고가의 산업용 기계 장비나 포클레인·크레인 등 토목 건설 장비, 생산 시설 임대에서 시작되어 생활가전과 가정용품, 자동차, 각종 소비재로 확대됐다.

한국렌털협회가 추산한 국내 렌털 업체는 2만 4,000여 곳. 그만큼 경쟁도 치열하다. 렌털은 이제 사람들의 일상 속에 자리 잡았다.

수천만 원짜리 고가의 차와 TV 등 내구재, 안경, 가방, 옷, 유아용품 등 각종 소비재까지 다 빌릴 수 있다.

최근 등장한 렌털 상품 중 눈길을 끄는 것은 300만 원대 청소기다. 미국 제품으로 원래는 매트리스 진드기 제거 등 청소 용역 회사들이 주로 쓰던 전문가용 브랜드다. 월 7만 9,000원에 빌려 쓸 수 있다. 오픈갤러리가 하고 있는 미술품 렌털도 인기다. 큐레이터가 국내 작가들의 작품을 골라 3개월 단위로 대여하는 서비스다. 부담 없는 가격에 '작은 사치품'으로 집 안 분위기를 전환하려는 이들이 늘면서 후발 업체들도 생겼다. 결혼식이나 돌잔치 등 특별한 날에 한두 번 입을 의류 및 명품 대여 서비스도 성업 중이다. 명품 분실에 대비한 보험도 제공한다.

사물인터넷IoT 시장의 성장세도 렌털 시장의 새로운 성장 요인이다. IoT 기능을 접목해 물 사용량을 실시간으로 모니터링한다. 물을 많이 마시면 필터 교체를 일찍 해주는 식이다. 가상 현실VR·증강 현실AR 관련 기기, 스마트 워치, 드론, 헬스케어 장비 등의 렌털도 확대되고 있다.

미국의 여성 의류 렌털 서비스 '렌트더런웨이'는 턱시도 렌털 모델을 여성복에 적용하며 성공적인 공유 경제 모델로 자리 잡았다. 옷장에 걸려 있는 옷을 공유할 수 있는 빅데이터 기반의 플랫폼을 선보인 게 먹혔다.

B+ 프리미엄

B급 제품이란 A급이 되지 못하고 제품에 흠이 있거나 문제가 있는 제품을 통상적으로 말한다. 최근에 B급 제품이 이런 생각에서 벗어나 가성비가 높은 제품으로 탈바꿈하고 있는데 이를 B+ 프리미엄 제품이라 한다. 브랜드보다 제품의 가격·성능·품질 등을 검토해 자신에게 필요한 제품을 합리적인 가격에 구매한 제품을 말한다.

B+ 프리미엄은 럭셔리의 개념과 구별해야 한다. 럭셔리는 유럽적 접근으로서 전통과 헤리티지를 강조하며 타인에게 과시하려는 지위 표지로서의 기능이 강한 제품을 가리키는 반면, B+ 프리미엄은 미국이나 일본적 접근으로서 철저히 탁월한 기능과 품질을 강조하며 사용상의 즐거움과 자기만족 경향이 강한 제품을 가리킨다. 제품에 새로운 가치를 추가해 B+ 제품을 만드는 것이다. 새로운 가치란 서비스화를 장착한 제품을 말한다. 즉 '일반 제품 + 새로운 가치(프리미엄으로 통칭) = B+ 프리미엄 제품'이다.

이 B+ 프리미엄의 개념은 서울대학교 소비 트렌드 분석센터가 내놓은 『트렌드 코리아 2017』에서 제시한 것으로, 음식뿐 아니라 패션·인테리어·쇼핑까지 다양한 분야에서 폭넓게 나타나고 있다.

『트렌드 코리아 2017』(미래의창)에서는 B+ 프리미엄을 "평범한 대중 제품(B등급)에 가치, 즉 프리미엄을 추가해 B+ 등급으로 끌어올

린다는 전략"이라고 언급했다. "대중 제품에 새로운 가치를 더해 업그레이드함으로써 소비자에게 인정받은 탁월한 제품을 납득 가능한 가격에 판매해야 한다는 전략"인 것이다.

그렇다면 왜 소비자는 B+ 프리미엄에 주목하기 시작했을까? 불필요한 소비가 무엇인지 스스로 인지하고 품질과 가격의 균형이 맞는 서비스를 찾는 더욱 만족하는 소비의 형태로 자리 잡은 것이다.

지금까지 가성비가 가장 중요한 시대였다면, 이제부터 가성비는 물론 높은 가치를 담은 B+ 프리미엄을 더 찾는 시대가 되고 있다. 소비자는 이제 저렴한 가격에 많이 주는 상품을 선호하지 않고 보다 합리적인 가격에 뭔가 다른 가치가 부여된 상품을 찾는다. B+ 프리미엄은 고급 제품과 대중 제품 사이의 경계를 허물면서 저성장기 소비의 양극화 시대에 새로운 기회를 창출해내고 있다. 즉 B+ 프리미엄 트렌드는 불황의 벽에 막히고, 소비 절벽의 늪에 빠진 기업에게 새로운 기회의 장을 제공하고 있다.

기능과 품질이 뛰어난 준고급형 B+ 프리미엄 제품이 인테리어 및 가구 시장에서 인기몰이를 하고 있다. 흔히 S, A, B, C로 나뉘는 제품 등급 중 B급은 합리적인 가격대의 중간 상품을 가리킨다. B+ 프리미엄 상품은 여기에 기능이나 디자인 프리미엄을 더해 가격 대비 성능(가성비)과 만족감을 높인 것이다.

기능성 의자도 대표적인 B+ 프리미엄 제품이다. 아이 성장 단계에 맞춰 조절이 가능하거나 오랜 시간 앉아 있는 직장인 및 대학생을 겨냥해 인체 공학적 기능을 더한 의자는 일반 제품보다 다소 높은 가격에도 불구하고 판매량이 늘고 있다.

불황기에 이렇게 프리미엄 라인이 역설적으로 급성장하는 이유는 무엇일까? 무엇보다 저성장기에 나타나는 소비의 양극화 현상 때문이다. 예전에는 개인의 소비 함수 내에서 중간 가격대의 제품을 많이 선택했다. 그러나 저성장기에 소비의 양극화가 두드러지면서 완전히 저가 제품을 추구하거나 고가의 프리미엄 제품군에 대한 수요가 역설적으로 늘어나는 양극화 현상이 심화되고 있다.

소비자는 100그램당 1원이라도 저렴한 가격의 제품을 찾는 반면, 자신이 관심 있거나 좋아하는 제품에 대해서는 돈을 아끼지 않고 투자하는 작은 사치, 스몰 럭셔리 경향이 동시에 나타난다. 가격이 저렴한 가성비를 추구하는 소비와 고가의 프리미엄을 추구하는 B+ 프리미엄 트렌드가 동시에 나타나는 것이다.

비쌀 만한 이유를 충분히 이해시켜라

B+ 프리미엄의 기본은 '소비자가 지불한 비용에 대비해서 납득 가능한 대가를 되돌려주는가?'라는 관점에서 출발해야 한다. 특히 B+ 프리미엄은 고급스러운 A등급이 아닌 대중적이고 평범한 B등급에 새롭고 특별한 가치를 더하는 전략으로, 소비자의 니즈에 정

확히 대응하는 한편 소비자를 충분히 납득시키는 게 핵심이다.

자신의 소비에 의미나 가치를 부여해 소비를 정당화하고자 하는 이성적인 소비자에게 B+ 프리미엄은 그 근거를 제공해줄 것이다. 이제 우리도 소비를 부추기는 전략에서 가치를 중심으로 소비에 의미를 제공하는, 가성비 높은 방향으로 전략 프레임을 변경할 때가 된 것이다.

2016년의 소비 트렌드는 장기 불황으로 인해 가성비를 중요시 여겼다. 가성비를 높이는 방법은 가격을 낮추거나 성능을 높이는 것이다. 가격을 낮추는 것은 저가 전략이고 성능을 높이는 것은 프리미엄 전략이다. 사람은 불황이든 호황이든 좋은 제품을 사용하고 싶은 욕구를 늘 가지고 있다. 그래서 2019년 저성장 시대의 가성비 핵심은 단순 저가가 아닌 프리미엄 가치의 확보가 중요한 것으로 변했다. 즉 가성비 제품을 구매한다는 것은 무조건 싼 제품을 구매하겠다는 것이 아닌 지불한 돈에 비해 가장 높은 가치를 제공하는 제품을 구매하겠다는 것이다. 그래서 이런 변화에 맞춰 다양한 산업 분야에서 B+ 프리미엄 전략을 사용하고 있다. B+ 프리미엄 전략은 크게 네 가지로 나뉜다.

첫째, 감각적이되 합리적인 디자인으로 승부하는 것이다. 바로 대중 제품에 고급적 디자인으로 프리미엄 요소를 덧붙인 것이다.

둘째, 원재료의 신선함의 가치를 내세운 것이다. 바로 대중 식품인 김밥, 떡볶이에도 프리미엄 요소를 입힌 것이다. 좋은 식재료만 사용한다는 프리미엄 요소를 덧붙여 믿고 먹을 수 있는 먹을거리라는 인식을 소비자에게 심어주는 것이다. 또 저가 브랜드가 주도하는 커피 시장에서 2주의 짧은 유통 기한을 가진 콜드브루가 큰 열풍을 불러온 것도 그 예다.

셋째, 실용적 가치를 눈으로 확인하게 하는 것이다. 가전제품 중에 세탁기를 예로 들 수 있다. 세탁 중에도 손쉽게 문을 열어 빨래를 추가할 수 있다거나 색깔별로 빨래를 두 번 돌려야 하는 번거로움을 없애기 위해 하나의 세탁기에 2개의 몸통을 만든 분리형 세탁기가 그것이다.

넷째, 차별화된 경험을 상품화하는 것이다. 이는 공간 서비스 시장에서 흔히 볼 수 있다. 과거 천편일률적인 배치 형태였던 독서실이 현재는 개개인의 요구에 맞게 개방 형태, 독립 형태 등으로 개인의 학습 성향에 맞춘 공간을 제공한다. 또 사람들이 흔히 살 기회가 없는 고급 주거 공간에 프리미엄 공유 숙박 서비스를 더해 여행객이 사용할 수 있도록 한 예도 있다.

이러한 네 가지 전략으로 인해 사람들은 B+ 프리미엄 제품을 더 선호하게 된다. 그런데 간혹 프리미엄과 럭셔리의 개념을 혼동하기도 한다. 언뜻 보기에는 둘이 비슷한 것처럼 보이나 차이가 있다. 둘은 탁월한 디자인, 남들과 구별되는 가치가 있다. 럭셔리는 탁월한 성능보다 주로 브랜드가 가진 역사성에 기반을 두고 있지만 프리미엄은 탁월한 성능에 대한 소비자의 인정과 선택에 따라 그 가치가 획득된다.

싸게 빨리 먹는 개념에서 싸지만 질 좋고 맛있게 먹는 개념으로 진화하는 단계. 그래서 유행한 것이 기존 햄버거보다 더 건강하고 맛있게 먹는 뉴욕의 '쉐이크쉑버거'였고, 기존 패스트푸드 피자보다 정성 들여 직접 만든 '매덕스' 피자였다. 패스트푸드의 업그레이드 제품으로 '패스트 프리미엄'이란 말로 쓰이기도 했다.

고유의 정체성과 감성, 테마를 내세워 고급스럽게 만드는 인기 브랜드들의 플래그십 스토어들, 세련된 디자인과 합리적인 가격으로 늘 열렬한 환호를 받는 H&M의 프리미엄 브랜드 코스cos, 조금 비싸더라도 화학용품이 배제된 천연향과 성분을 갖춘 생활용품 등 우리 생활 곳곳에 B+ 프리미엄 브랜드가 자리 잡기 시작했다. 지금까지 가성비가 가장 중요한 시대였다면, 이제부터는 가성비는 물론 '높은 가치'를 담은 B+ 프리미엄이 가장 중요한 시대가 될 것이다.

서브스크립션 커머스

서브스크립션 커머스는 '정기 구독'과 '상거래'를 합친 말로, 소비자가 일정 금액을 지불하면 사업자가 특정 상품을 선별해 제공해주는 서비스를 말한다. 매월 일정 금액을 주고 제품을 받는 구독 서비스의 업그레이드된 형태로 정기 구독료를 지불하고 제품을 주기적으로 배송받는다는 점에서는 기존 구독 서비스와 차이가 없지만 배달되는 제품의 유형이 다양하고 전문가의 조언과 개인별 맞춤화가 가미된 서비스라는 점에서 차이가 난다.

맞벌이, 시간 부족, 일의 과다 등 현대인의 생활이 점점 어려워지고 있는데 역할을 대신 해주는 서비스가 인기를 얻고 있다. 최근에는 소비자 취향에 맞게 전문가들이 알아서 보내주는 큐레이션 기능이 더해지고, 품목도 화장품·옷·식재료·꽃 등으로 다양해지고 있다. 우유 배달, 신문·잡지 구독 등의 정기 배송 서비스 방법이 화장품, 옷, 가방, 식재료, 꽃, 취미 활동 재료 등의 제품 영역으로 확장되고 있다. 소비자 취향에 맞는 상품을 골라주는 기능까지 더해져 편리한 서비스로 인식하면서 앞으로 시장이 더 커질 전망이다.

옷을 며칠 동안 빌릴 수 있는데 구매부터 세탁과 다림질까지 셔츠와 관련한 모든 고민을 없애주기 위해 시작됐다. 입고 난 셔츠 수거 및 세탁과 다림질을 한 뒤 배송해주는데 1주일에 필요한 옷 수를 선택할 수 있다. 지금까지와는 다른 서비스를 제공하고 있다.

요리 관련 서브스크립션의 경우 재료와 레시피가 적힌 종이와 필요한 식재료가 손질된 상태로 들어 있다. 식재료는 조리법에 따라 정확히 계량한 양이 들어 있어 요리를 실패할 확률이 낮다. 주문

가능한 요리는 국, 탕, 찌개부터 제육볶음, 닭갈비 같은 일품 요리와 장조림 등 밑반찬까지 다양하다. 모든 제품은 주문을 받은 후 요리에 들어가고 유통 기한은 최소화했다. 원하는 날짜와 장소에 직접 배달해준다. 그 외 짐 보관 산업, 잔심부름 해주는 산업 등 업태가 세분화되고 다양해지고 있다.

서브스크립션 커머스의 성공 요인을 보면 기업에서 검토할 활용 요소가 있다. 서브스크립션 사업은 특히 마케팅에 능숙하다면 새 고객을 쉽게 유치할 수 있으나 수개월 이상 고객을 붙잡아두는 것은 쉬운 일이 아니다. 서브스크립션 서비스는 여기저기 발품을 팔아 비교 구매를 할 필요를 느끼지 못하는 제품이나 꾸준히 사용하는 제품에 가장 적합한 서비스이기 때문에 해당 브랜드나 회사에 대한 고객의 신뢰와 충성도가 서비스의 성공 여부를 결정한다. 고객 이탈률 감소와 유지율 증가에 가장 중요한 요소 중 하나로 개인별 고객 관리가 필요하며 고객에 대한 데이터를 가능한 많이 수집하고, 고객별 특화된 판촉 서비스도 필요하다.

서브스크립션 비즈니스를 성공시킨 기업 중에는 콘텐츠나 커뮤니티를 통해 제공하는 상품과 서비스 이외에 추가 부가 가치를 제공하는 사례가 많다. 예를 들면 저렴한 가격에 보물 박스를 보내는 것, 게임과 유머가 가득한 뉴스레터 또는 온라인 잡지 등을 보내 다양한 제품 정보를 공유하게 한다. 배달 상자의 경우 일반 상자는 싸

구려 제품이라는 인상을 줄 수 있기 때문이다. 회사의 이미지 제고를 위해 고급 패키징 재료 사용은 필수적이다. 즉 저렴한 가격으로 높은 품질을 유지하면서 제품을 배달할 수 있는 방법이 많다. 이는 고객의 제품에 대한 인식, 유지율에 큰 차이를 낳는다.

또 많은 정보와 상품으로 인해 선택에 어려움을 느끼던 소비자이 다른 사람이 골라준 맞춤형 서비스(큐레이션)를 선호하지만 동시에 고객이 선택할 부분을 일부 제공해 참여 및 선택 만족도를 높일 수 있어 최근에는 이런 방법이 많이 활용되고 있다. 사람들의 생활을 더욱 편리하게 해주는 '서브스크립션 커머스'의 성장은 계속될 전망이며 마케터들의 역할이 더욱 중요해지고 있다.

배달

배달 서비스가 다양화·고급화되면서 배달 앱 시장이 급성장하고 있어 배달 앱 1위 사업자인 '배달의민족'의 경우 매년 70% 안팎의 성장세를 보이고 있다. 이는 짜장면, 치킨, 피자 등 기존 배달 음식에서 회·스시, 디저트, 수제 버거 등 '집에서도 먹고 싶은 음식'으로 대상을 확장하고 배달 지역도 서울을 넘어 전국으로 확장하고 있기 때문인 것으로 분석된다. [그림 2-4]에서 보듯이 배달의민족은 2018년 1월 주문 건수가 1,800만 건으로 2017년 같은 기간 월

[그림 2-4] 배달의민족 주문 건수 추이

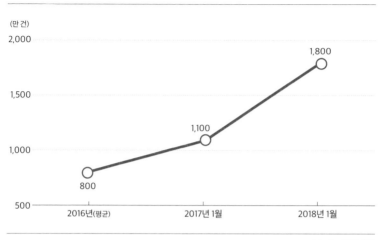

(만 건)

자료: 우아한형제들

1,100만 건보다 63% 증가했으며 2016년 월평균 주문 수는 800만 건에서 불과 2년 만에 2배 넘게 증가한 것이다. 이는 배달 가능한 대상과 지역의 증가는 물론 추가 배달이 지속적으로 증가하는 결과로 추측된다. 업계가 추산하는 배달 앱 시장 규모는 약 15조 원 규모로 2008년(약 10조 원)보다 50% 이상 커졌다고 한다.

쇼핑몰 배달 건수와 비교해도 고객의 편리성과 시간 절약을 위한 배달 사업은 이용이 지속적으로 증가해 2018년 1월 현재 기존 쇼핑몰의 배달 방법보다 더 증가하는 현상을 보이고 있어 배달의 중요성과 사업 시 배달은 필수 요소로 정착하고 있다.

[표 2-2]에서 보듯이 최근 1년간 주요 배달 앱의 이용자가 22%

[표 2-2] 온라인 서비스별 매출 비교

앱	2017년 1월	2018년 1월	증감률	비고
11번가	828만 4,721명	793만 7,101명	-4.2	-
쿠팡	713만 9,594명	667만 3,814명	-6.5	-
위메프	526만 6,832명	544만 6,434명	3.4	-
G마켓	530만 2,076명	498만 6,602명	-6.0	-
티몬	636만 2,298명	492만 4,536명	-22.6	-
옥션	491만 7,888명	473만 4,709명	-3.7	-
인터파크	124만 7,070명	124만 6,739명	-0.03	-
계	3,852만 479명	3,594만 9,935명	-6.7	-
배달의민족	299만 8,589명	366만 2,294명	22.1	배달앱
요기요	205만 3,272명	217만 2,315명	5.8	배달앱
배달통	70만 5,917명	71만 6,533명	1.5	배달앱
계	575만 7,778명	655만 1,142명	11.4	-

자료: 닐슨코리안클릭

가량 성장한 반면 온라인 쇼핑 앱들은 22%가량 감소했다. 2018년 2월 리서치 회사 닐슨코리안클릭에 따르면 배달의민족의 1월 기준 (안드로이드 마켓) 앱 월간 이용자 수$_{MAU}$는 약 366만 명으로 2017년 2월 대비 22.1% 증가했다. 요기요, 배달통의 MAU는 각각 5.8%, 1.5% 늘어난 것으로 조사됐다. 반면 소셜 커머스 티몬의 MAU는 같은 기간 636만 명에서 492만 명으로 22.6%가량 줄어들었다. 쿠팡도 6.5% 감소했다. 소셜 커머스 중에서는 위메프만 소폭 상승

(3.4%)했다. 오픈 마켓 11번가, G마켓, 옥션의 MAU도 3~5% 낮아진 것으로 나타났다.

배달 앱 업체들은 수익성 개선과 동시에 인공지능, 자율주행 등 기술 개발을 통해 차기 성장 동력을 모색하고 있다. 나아가 배달 방법이 새로운 사업 모델로 성공하고 있어 최근에는 새벽 배송, 3시간 내 당일 배송, 아파트 상가 내 음식 전문 배달 및 심부름 서비스 등이 경쟁적으로 도입되고 있다. 나아가 반품만 받는 회사, 배송 실태를 자료화해 배송을 보다 효율적으로 하는 소프트웨어 개발 등 배달 분야의 새로운 사업 모델이 계속 출시되고 있어 배달 트렌드는 다양하게 발전될 것 같다.

언더독

김난도 서울대학교 교수는 『트렌드 코리아 2017』에서 2018년의 키워드를 '언더독Underdog의 약진'으로 꼽았다. 이에 따라 산업 전반에 걸쳐 '꼬리가 몸통을 흔드는' 다양한 변화가 나타날 것이란 예상이다. 미디어가 개인화되고 정보 채널의 다양화를 경험하게 되면서 소비자의 욕구는 더욱더 정교하고 수요는 매우 다양하게 나타나고 있어 각각의 소비자마다 다른 수요에 민첩하게 대응할 수 있는 스몰 비즈니스의 강세가 지속될 가능성이 높다.

예를 들면 1인 방송을 더 즐겨본다. 백화점 푸드코트가 아닌 노점의 푸드트럭에서 사 먹는 음식이 훨씬 더 맛있다. 대형 기획사의 신규 앨범보다 자기 취향의 곡을 들을 수 있는 인디레이블을 더 자주 듣는다. 대형 종합 브랜드보다 싱글 프로덕트 브랜드가 인기를 끌거나 브랜드 상품보다 PB 상품의 판매 증가율이 점점 높아지고 있다. 대형 가전 회사의 스타일러보다 코웨이 제품이 인기가 있고 소비자는 구매 시 가격보다 가치를 더 중요한 기준으로 본다. 소확행(작지만 확실한 행복)이나 가성비(가격 대비 성능)를 충족시켜줘야 한다. 오랜 시간 공을 들인 완벽한 기술이나 서비스보다 소비자의 변화를 파악하며 작은 것을 자주 던지는 전략이 효율성을 나타내고 있어 이에 따라 기업의 패러다임 변화가 매우 중요하다.

백화점에서 쇼핑을 하던 시대에서 인터넷을 통한 온라인 쇼핑의 대중화가 시작된 지도 오래다. 10여 년이 지난 지금 패션 의류는 '마이크로 소비'의 파워를 가장 잘 느낄 수 있는 대표적인 스타트업들의 격전지로 변화되고 있다. 패션 스타트업들은 소셜네트워크서비스와 큐레이션, O2O 등 다양하고 새로운 트렌드와 자유자재로 결합하며 패션 의류 시장의 변화를 주도하고 있다.

온라인 의류 판매가 아닌 패션 정보를 공유하는 소셜네트워크서비스로 서비스를 시작했다. 소셜네트워크서비스와 쇼핑이 결합된 형태로 거래액은 급성장하고 있다. 10~20대 젊은 여성 사이에 입소

문이 퍼지면서 소비자는 소셜네트워크서비스에 자유롭게 자신의 옷과 가방 등을 올리고 패션 스타일을 공유하며 피드백을 받는다. 인공지능으로 이 같은 이미지를 분석해 사용자의 패션 스타일을 분류하고 그에 맞춘 상품을 추천해준다.

O2O와 온디맨드 서비스와 결합한 패션몰도 눈에 띈다. '골목 상권의 모바일화'를 목표로 하는 로드숍 O2O 서비스는 가로수길의 로드숍, 홍대 로드숍처럼 지역마다 특색 있는 로드숍들을 직접 발로 뛰어 조사한 뒤 소비자가 좋아할 만한 옷가게를 선별해 온라인 플랫폼에 입점시킨다. 소비자는 직접 발품을 팔지 않아도 전국 '잇 플레이스'들의 옷가게에서 트렌디한 상품을 구매할 수 있다.

스몰 럭셔리

프리미엄 가전의 수요가 폭증한 것은 2017년부터다. 무선청소기임에도 강력한 흡입력은 소비자의 지갑을 열게 했다. 눈에 보이지 않는 먼지까지 잡아내면서 더 깨끗한 공기를 밖으로 배출하게 했다. 배터리에 알루미늄을 추가, 더 강력한 성능을 자랑하면서도 사용 시간은 줄어들지 않도록 배려했다. 100만 원이 넘는 청소기다.

프리미엄 스팀다리미의 경우, 전문가들만 사용했던 수준의 다리미인데 다림질 초보자도 전문가 못지않게 쉽게 다릴 수 있으며 모든 소재의 의류를 집에서 관리할 수 있는 게 특징이다. 이는 다리미판에 진공 시스템과 블로워 기능이 있는데 진공 시스템은 옷의 주름을 쉽게 제거할 수 있게 만들었으며 블로워 기능은 차가운 바람으로 다림질한 옷을 건조해주는 역할로 다림질 후에도 눅눅함 없는 옷 상태를 유지해준다(119만~449만 원).

가전제품은 오래 쓸 수 있다는 인식과 누구에게 보여주기 식보다는 나만의 만족을 중요시 여기면서 집 안에서만 쓰는 제품을 구매한다. 김치냉장고의 경우 249~599만 원에 달한다. 김치는 물론이고 대부분의 식재료를 오랜 시간 변치 않게 지켜준다. 이는 풀 메탈 쿨링으로 ±0.3℃ 이내에서 온도를 유지하는 '정온 유지 성능' 덕분이다. 감자나 바나나 같은 뿌리채소, 열대과일 등까지 최대 3주 동안 최적 상태로 보관할 수 있다.

공기청정기와 에어 서큘레이터(공기순환기)가 결합된 공기청정기는 출하가 기준 75~122만 원으로 고가이지만(보통 공기청정기가 50만 원대) 인기다. 공기청정기 상단에 있는 클린부스터는 제품 상단에서 바람을 발생시키는 장치다. 이 장치는 깨끗한 공기를 멀리 떨어진 공간까지 빠른 속도로 내보낸다. 클린부스터를 탑재한 공기청정기는 그렇지 않은 제품에 비해 같은 시간 71% 더 많은 미세먼지를 제거하며 제거 속도도 24% 더 빠르다.

의류관리기에 공기청정기와 제습 기능을 추가한 건 소비자 의견을 반영한 결과다. 외부에서 옷에 묻혀 들어온 먼지가 실내 공기를 더럽힌다는 것을 찾아낸 것이다. 의류청정기의 차별화 포인트는 에어샷 기능이다. 옷걸이 자체에서 강력한 공기가 나와 먼지를 털어낸다. 제품 전면에 부착한 거울은 어떤 인테리어와도 잘 어울린다. 공기청정 기능이 종료될 때 비발디의 '사계' 음악으로 색다른 분위기를 연출한다.

따라서 요즘은 필수 가전이라는 말 대신 맞춤 가전이라는 말이 사용되고 있으며 작은 사치, 소확행도 가전 트렌드의 하나의 변화다. 이들은 개인 취향과 실용성을 최고의 가치로 여긴다. 취향에 맞는 디자인이거나 집안일 같은 비생산적인 활동을 덜어줄 수 있다면 돈을 아끼지 않는다는 의미다.

신혼부부 같은 젊은 층을 중심으로 나타나는 현상은 식사를 외식과 배달을 이용하므로 냉장고는 기본 용량에 충실한 250리터 소형을 구매하는데 헤어드라이어와 선풍기에는 50만 원씩 투자했다. 무선청소기 가격도 100만 원에 달했다. 자주 쓰는 소형 가전은 조금 비싸더라도 효과가 확실한 고가형으로 구매했다.

소비자가 자신의 주관적인 가치 만족을 추구하는 과정에서 볼수 있는 모순적 소비 행태는 새로운 사고 전환을 요구하기도 한다. 때로는 기존의 마케팅 전략이 한계를 드러내기도 한다. 가치 소비자가 시장 참여자에게 제기하는 기존 사고 틀을 재조정해 새로운 사업 방법을 찾는 것이 매우 중요한 시점이다.

고가의 프리미엄 제품 전략은 무용지물인가

3,000원대 저가 명품 브랜드 화장품인 미샤, 더페이스샵 등이 시장 판도를 뒤바꾸는 상황에서 샤넬, 크리스챤 디올 등의 명품 브랜드가 여전히 의미가 있는가에 대한 의문이다. 물론 매스티지 제품이 저렴한 가격에서 상상하기 어려웠던 품질, 브랜드 가치 등 고감성 가치를 제공한 기여는 인정해야 할 것이나 희소가치는 찾아보기 어렵다. 저가 매스티지 애용자가 혼수용 화장품도 저가 브랜드를 구매할까? 그렇지 않다. 특별한 때 나의 가치를 드러내주는 명품 화장품 브랜드를 저가 매스티지가 대체할 수 없다. 결국 제품 단위 가치 소비 트렌드의 최종 결과는 제품 가치의 한 단계 업그레이드라고 볼 수 있다. 이제 시장에서는 일정 수준의 감성 가치를 갖추지 못하면 아무리 저렴해도 소비자의 선택 대상에 포함될 수 없다. 따라서 프리미엄 마켓은 여전히 유효할 것이다. 매스티지 제품은 대중성을 배제할 수 없기 때문에 특별한 희소 가치를 제공하는 데 한계가 있기 때문이다.

대중 가치와 개인화 가치 추구의 접점은 없는가

대중 가치가 중요하다는 의미는 다수의 소비자가 선호하는 제품

일수록 시장에서 성공할 가능성이 높다는 것이다. 유독 소비자의 성향 차이가 크지 않은 우리나라의 경우 두드러지는 부분이다. 이미 대중화된 제품에서 차별화된 가치를 추가한 제품의 성공이 대표적이다. 정수기, 블랙박스, 복사기 등이다. 결국 보편적인 대중화 소비 트렌드를 공유하면서 한 발 앞서 새로운 가치 제언을 하는 노력이 필요할 것이다.

소득, 연령 기준의 고객 세분화는 타당한가

통상 고객 세분화는 소비자 인구 통계 특성에 기초한다. 연령, 소득, 가족 수 등이 주요한 고려 변수가 된다. 하지만 어떤 제품에서는 최상위층 소득자나 가능한 소비 행태를 보이는 반면, 한편에서는 저소득층이 혀를 내두를 절약 정신을 발휘하는 소비자를 고정된 기준으로 구분하기에는 한계가 있다. 가치 소비자에게 가치 기준으로 새판을 만들어야 한다는 얘기다.

가치 기준 시장 세분화에서 생각할 부분은 다음과 같다. 첫째, 소비자군에 따라 주관적 중요 가치로 타깃 시장을 재고할 필요가 있다는 것이다. 고급품이 반드시 고소득 층만이 구매하는 것은 아니며 오히려 신세대가 열광한다. 소득·연령만으로 정확한 조준이 어렵다는 얘기다. 따라서 우리 제품이 배제하던 새로운 시장을 발견할 수도 있을 것이다.

둘째, 가치 소비자에게 상당한 의미를 주고 있는 제품의 상징성, 내구성 등 제품의 이면 속성을 경시해서는 안 된다. 신세대 젊은 소비자가 어른도 주저할 100만 원대의 휴대폰을 사는 이유는 그들 세계에서의 상징성 때문이다.

소비자가 똑똑해지고 있다. 더불어 전에 없이 솔직한 표현이 늘어간다. 자신의 주관적 가치 만족을 주는 제품에 대해서는 주변의 눈총도 아랑곳하지 않는다.

언택트 시대의
소비자와 시장 확인

시장 정보와 활용의 궁극적인 목표는 경영자의 사업을 보는 방법, 실행 시 변화 방향 등의 개선에 우선적으로 활용할 수 있다. 실제 정보의 신뢰도가 높고 구체적으로 파악할 수 있다면 철저한 분석과 다양한 사고를 통해 시장 경쟁우위, 소비자의 욕구 적합도를 높이고 새로운 시장 기회를 확인할 수 있다.

서비스화를 제대로 실행하려면 시장 정보를 정확히 확보하고 적시에 활용해야 한다. 시장 정보는 특정 시장에 대한 정보(양적·질적 정보)를 수집·분석·전달 및 활용하는 프로세스다. 구매자, 경쟁 업체, 공급 업체, 서비스 제공 업체, 시장 동향, 규제 환경과 관련해 비즈니스 의사 결정과 관련된 모든 요소와 관련해 기회와 제약을 평가할 수 있다.

실제로 서비스화가 필요하고 시장 장악을 할 수 있는지 검토하는 데 필수적으로 활용할 수 있는 정보 취득이 중요하다. 구매자가 원하는 것을 이해하고 투자 위험을 최소화하는 게 더 중요하다. 따라서 정기적으로 시장 정보를 수집, 활용할 수 있는 역량을 쌓아야 한다.

시장 연구는 최종 시장 구매자, 판매 대리점 및 기타 업계 전문가의 의견을 수렴해야 한다. 또는 특정 가치사슬의 핵심 강점·약점·기회·위협을 파악하는 것도 매우 유용한 정보가 될 수 있다. 현재 정보가 얼마나 중요한지에 따라 달라지기도 한다. 최종 시장 정보 제공자의 다양한 그룹에 대한 합의를 구축하는 것은 가치 정립에 필수적이고 중요한 단계라고 할 수 있다.

진화하는 소비자

스몰 럭셔리(작은 사치를 위한 구매 상품 출현 필요), 젊은 부부나 1인 가구의 라이프 스타일(생활에서 추구하는 것이 무엇인가: 렌털, 가성비), 그 외 소비자가 실제로 추구하는 욕구 등을 간과하는 경우가 있다.

국립현대미술관은 미술관과 스포츠·공연·영화를 결합한 아트 마케팅 상품을 내놓았다. 미술관의 쉼터, 공공성, 예술 실천 등 체

[표 2-3] 미술관·화랑의 주요 파격 이벤트

미술관·화랑	내용 및 일정
국립현대미술관	미술과 스포츠, 공연, 영화가 결합한 '에코판타지아' (8월 30일까지)
	도시형 장터 마르쉐(2월 12일)
	뮤지엄 맥주파티(7월 12일)
서울시립미술관	뮤지언 나이트(매달 둘째 주 수요일 문화가 있는 날)
	예술가의 런치(매월 둘째, 넷째 화요일)
사비나미술관	브런치 프로그램(8월 31일~9월 29일)
갤러리 현대·국제갤러리·가나아트센터	고급 레스토랑 운영(매일)
대림미술관	2017년 시즌 파티: 더썸머하우스(8월 12일)
K현대미술관	개관 시간 오전 10시~오후 10시로 변경
아트선재센터	문화가 있는 날 오후 9시까지 개장
양평군립미술관	별별아트마켓(8월 26일까지)

자료: 《한국경제신문》

험형 이벤트로 관람객을 유치한다는 전략이다. 관람객들이 요가·댄스·트레이닝을 체험하고 전시장을 둘러보거나 미술관 주변 도로를 달리고 나서 그림을 감상하는 식이다. 라이브 콘서트, 미술 관련 영화를 소개하기도 한다. 또 예술·스포츠·콘서트가 결합한 문화 체험 행사도 있다. 미술관과 화랑의 이 같은 파격적인 변화를 크게 환영하는 분위기다. 고급스러운 미술 문화가 라이프 스타일이나 음악·영화 등 대중적 장르와 어우러져 쉽고 재미있게 다가왔다. 이제는 소비자 중심으로 생각하면 변해야 할 일이 많은 것이다. 사업 운영을 조금 다르게 검토해보자.

떠오르고 퇴색하는 트렌드

현재의 제품 디자인을 쓸모없게 만드는 트렌드가 발생하면 시장 변화에 대한 인식 부족으로 제품의 재고 발생, 마진 하락 및 생산 투자의 잘못을 초래할 수 있다.

독점 제품, 신기술의 탄생은 쉬운 일이 아니다. 비슷비슷한 제품이 범람하게 되고 신제품이 나와도 빠른 범용화가 진행되어 시장 경쟁우위를 차지하기란 그리 쉬운 일이 아니다. 따라서 기술보다는 사업 방법의 우위를 구축해 경쟁을 피해가야 한다. 사업 방법이란 커피숍을 다른 곳보다 맛있게 만들어서 제공하는 곳, 정수기를 임대 방식으로 판매하는 것, 제공되는 여러 가지 서비스를 줄여서 항공료를 싸게 파는 항공사, 피자를 주문 후 20분 만에 배달하는 사업, 빵집의 분위기를 여유롭게 해 고객이 증가하는 것 등이 전부 인기가 있는 사업 방법이다. 이는 지금까지의 내용과 다른 새로운 소비 행태와 문화를 나타내고 있어 기존 사업 방법의 제품·서비스는 시장에서 인기가 점점 줄어들고 있는 것이다.

최근에 가장 잘 사용되는 방법이지만 실제 이를 파악하는 데는

[표 2-4] 기술 및 시장 변화에 따른 위협 제품

스마트폰 등장으로 사라진 제품과 생존을 위협받는 제품		
디지털카메라	탁상용 시계	게임기
캠코더	손목시계	TV
DVD 플레이어	자동차 내비게이션	데스크톱 TV
VTR	카세트 플레이어	MP3 플레이어
노트북	CD 플레이어	

자율주행과 차량 공유의 등장으로 위기를 맞는 산업		
대중교통	주차장	자동차 보험
단거리 항공	주유소	자동차 정비
도심 부동산	신차 판매	전문 운전자

자료: IGM세계경영연구원

시장을 넓게 봐야 하는 어려움이 있다. 그렇지 않으면 정확히 확인할 수 없으며 지나쳐버릴 수 있다. 따라서 시장 내에서 성공한 기업의 특징을 확인하는 눈과 검토하는 방법이 달라져야 한다. 배달은 피자 회사에서 먼저 시행한 것인가? 답은 "아니다"이다. 배달은 당연히 별도의 사업이다. 그러나 고객의 욕구가 좀 더 편안히 먹을 수 있는 방법을 원하고 있었던 것이다. 그래서 배달 방법을 이용한 것이다. 이 방법을 도입(피자 + 배달: 피자는 판매점에 가서 먹여야 맛이 있다는 생각을 바꿔버렸다)해 도미노피자는 시장 1위를 넘보고 있다.

스타벅스의 성공은 경쟁의 경계는 무의미하다는 것을 보여주고 있는데 커피를 파니 당연히 커피숍과 경쟁이 되어야 하나 스타벅스의 매력은 공간이다. 여유롭게, 자유스럽게 만나는 공간을 제공하고 있다. 최근에는 라이프 스타일에 맞추어 커피를 마시면서 책도 보고, 음악도 듣는 사업도 제공하고 있다.

이런 상황에서 공간의 경쟁자는 누구일까? 빵집, 카페 등도 경쟁자다. 소비가 아닌 문화 공간으로 형성되어 이들과 경쟁을 하고 있다. 이제 고객은 커피만 먹기 위해 커피숍에 가지 않는다. 고객의 욕구가 변화된 것이다. 최근 발표된 스타벅스의 심벌과 로고에서 커피 글자가 빠졌다. 이는 무엇을 나타내는가? 이제 커피 사업만 하는 것이 아니라 먹거리 사업으로 전환하겠다는 이야기다. 벌써 고객이 변하고 있어 새로운 수익 모델을 추가하는 것이다.

와플이나 팬케이크는 간식으로 먹는 빵이 아니다. 주식으로 먹고 있다. 이를 활용해 신점포가 탄생했는데 젊은이들이 기다리면서 먹는다. 이와 같이 시장에서 성공을 거둔 기업의 공통된 특징은 기존의 경쟁 룰을 따르지 않고 자사에 적합한 새로운 게임의 법칙을 만들어내 전혀 새로운 방식으로 경쟁하고 있다.

새로운 위협과 기회

한국인터넷진흥원KISA이 온라인 광고 산업 현황 및 인식 파악을 위해 실시한 '2017 온라인 광고 산업 동향 조사' 결과를 발표했다. 2017년도 온라인 광고 시장 규모는 약 4조 4,285억 원으로 2016년에 비해 2,716억 원 성장한 것으로 나타났다. 이는 전체 광고 시장(약 12조 946억 원)의 약 36%에 해당하는 수치다. 2016년 온라인 광고가 방송 등 타 광고 매체를 제치고 광고 시장 점유율 1위를 기록한 이후 2년째 유지되고 있다.

이 가운데서도 모바일 광고 매출액은 스마트폰 보급 및 이용이 확대됨에 따라 2016년에 비해 13.9% 성장한 2조 2,585억 원을 기록했다. 반면 PC 기반의 인터넷 광고 매출액은 2조 1,700억 원으로 2016년과 비슷한 수준을 유지했다. 유형별로는 디스플레이 광고가 11% 상승한 2조 1,205억 원의 규모로 검색 광고와 비등한 수준으로 성장했다. 온라인 광고를 집행한 광고주를 대상으로 한 광고 유형별 만족도는 매출 연계성 측면에서는 검색 광고가 31.5%로 가장 높았고, 즉각적 반응·자유로운 표현·광고 몰입도 부문에서는 동영상 광고가 각각 23.5%, 21.5%, 29%로 가장 높게 나타났다. 타깃 도달성에서는 소셜네트워크서비스 광고가 25.5%로 가장 효과적인 것으로 꼽혔다.

온라인 쇼핑 중 스마트폰 등을 사용한 모바일 쇼핑 거래액을 따로 보면 2018년 4월 5조 3,837억 원을 기록해 1년 전보다 33.6% 늘었다. 전체 온라인 쇼핑 거래액 중 모바일 쇼핑 거래액 비중은 61.6%로 1년 전과 비교해 5.3%p 상승했다. 이러한 모바일 쇼핑 비중은 종전 최대 기록인 2017년 12월(60.7%)보다 0.9%p 웃도는 수치로, 새 기록을 썼다.

잠재적인 경쟁우위에 대한 시장 잠식과 단점

신발의 경쟁자는 게임이 되고 있다. 집에서 게임을 하느라고 외출 횟수가 줄어들고 있기 때문이다. 렌털이 시장 확대 방법의 추세인데 기존 판매 방식만 주장하는 것도 자사 제품 시장을 잠식시키는 방법이 될 수 있다. 국내 패션 업체의 최대 경쟁자는 네이버나 쿠팡일 수 있다. 네이버는 이미 전자상거래 시장의 강자로 부상했고, 쿠팡도 생필품에서 패션 의류 등으로 영역을 확장하고 있다. 언어 장벽만 넘으면 구글이나 아마존, 알리바바도 경쟁자가 될 수 있다.

유통 업계가 '일코노미(1인가구 + 이코노미)' 상품을 강화하고 있다. 1인용 간편조리식에서 주로 시도되던 1인용 제품이 이제는 과일과 채소 등 신선 식품에까지 적용되는 추세다.

티몬은 신선제품 중 소포장 제품이 중·대용량 제품보다 평균 4배 가까이 판매됐다. 깐마늘은 200g 제품이 400g 제품보다 2,039% 많이 팔렸고 양파도 1.5kg망이 3kg보다 1,211% 더 팔렸다. 청양고추와 참외도 중대형 제품보다 소형 제품이 200~300% 이상 높은 인기를 보였다. 2인 이하 소형 가구가 절반을 넘어서면서 필요한 만큼만 소비할 수 있는 소포장 식품이 인기를 끌고 있다.

업그레이드 투자가 필요한 분야

소비자와의 대화, 경험 장소에서 나타나는 이야기 또는 불만 사항에 대한 해결 등을 정확히 파악해야 업그레이드 투자가 필요한 분야에 대처할 수 있다. 증기기관 발명, 대량 생산과 자동화, 정보기술과 산업의 결합에 이어 4차 산업혁명이 다가오고 있다. 향후 IoT, AR, VR, 인공지능, 빅데이터, 클라우드 컴퓨팅의 발달과 사이버물리시스템CPS의 도입이 이를 가능하게 할 것이다. 4차 산업혁명 시대에 효율적인 추진을 하려면 표준화가 중요하며, 이 분야를 선도할 채비를 갖추어야 한다.

특정 제품 또는 서비스 시장의 확대 및 축소

시장 확대와 축소에 미치는 실제 영향 요인을 파악하는 방법을 검토할 필요가 있다. 해당 상품의 매출 축소는 근무 시간 단축인가, 다른 상품이 출현한 것인가, 아니면 다른 요인이 있는가, 소비자 취향이 변했는가 등이다. 평균수명이 늘고 삶의 질이 향상되어 건강·미용 스포츠 업종도 증가하고 결혼 인구 감소와 저출산의 영향으로 예식장, 결혼상담소, 산부인과 등이 최근 3년 새 뚜렷한 감소세를 보이고 있다. 이에 비해 반려견을 키우는 1인 가구가 늘면서 펫숍 동물병원, 편의점은 꾸준히 증가한 것으로 조사됐다.

국세청이 2018년 공개한 100대 생활업종 통계를 보자. 시장 변화의 요인 중 가장 활용도가 높은, 생활업종의 100가지 변화를 확인하면 쉽게 알 수 있다. 이번 통계는 100대 생활업종의 사업자 수를 중심으로 최근 3년간 업종별 증감 내역을 분석한 것이다. 100대 생활업종은 주로 소매와 음식·숙박, 서비스 업종 등 일상생활과 밀접하게 관련된 품목이나 용역을 취급하는 업종을 중심으로 선정됐다. 2017년 9월 말 100대 생활업종 사업자 수는 221만 5,000개(명)로 2014년 9월과 비교하면 11.4% 늘었다. 100대 생활업종 중 스포츠시설운영업, 펜션·게스트하우스, 펫숍 등 73개 업종이 늘었고 구내식당, 실외골프연습장, 담뱃가게 등 27개 업종은 줄었다. 생활업종의 증감에는 최근 심화하는 저출산, 1인 가구 증가 등 영향이 뚜렷하게 반영됐다.

예식장과 결혼상담소는 2014년과 비교해 각각 11.3%, 9.4% 감소하면서 최근 3년간 감소세가 눈에 띄게 나타나고 있다. 산부인과는 2014년보다 3.7% 줄어 13개 진료 과목별 병·의원 중 유일하게 감소했다. 반면 1인 가구 소비와 관련된 업종은 호조세를 보였다. 펫숍은 2014년과 비교해 무려 80.2%나 늘었고 동물병원도 13.8% 증가했다. 편의점과 패스트푸드점도 각각 36.5%, 24.1% 늘면서 꾸준한 증가세를 이어갔다. 일식 전문점(22.3%)이 증가한 것 역시 1인 식단 위주로 간편한 음식을 추구하는 경향이 반영된 것이라고 국세청은 설명했다.

'가성비'를 따지는 소비자가 많아지면서 고가의 혼수 시장에서도 렌털 바람이 불고 있다. 가전제품은 물론 침대 매트리스까지 대부분 렌털을 통해 해결한다. 듀오웨드의 설문조사에 따르면 예비부부 479명 가운데 66.2%가 혼수 장만에 렌털을 이용하겠다고 답했다. 렌터카 1위인 롯데렌털에서 시작한 소비재 렌털 '묘미'에선 최고급 유모차인 스토케 제품 대여 서비스가 인기다. 장난감을 비롯한 각종 유아용품도 렌털로 해결한다.

반려견, 고급 요트, 심지어 스튜디오까지 잠시 빌려 쓰는 게 가능해졌다. 외로움을 달래기 위해 강아지를 단기간 빌리는 가정이 늘었다. 3박 4일 대여 시 가격은 7만 원 선이다. 한 사진관에선 셀프 촬영을 위해 1시간씩 스튜디오를 대여해준다. 전문가를 고용할 경우 많게는 100만 원이 드는 촬영 비용을 3만 원으로 대폭 아낄 수 있다. 최고급 요트도 렌털 대상이다. 리츠칼튼호텔컴퍼니는 미슐랭 3스타 셰프의 동승을 비롯해 고급 스파, 펜트하우스 등의 서비스가 가능한 요트를 빌려준다.

향상된 시장 지위를 요구하는 틈새시장

배달, 무료 수리 또는 장착 무료 교환 등 소비자는 구매 시 가격보다 가치를 더 중요한 기준으로 본다. 예를 들어 블랙박스 장착 시 자동차 수리점을 찾는다. 그때 다른 브랜드 상품을 장착하는 경우가 발생하기도 한다. 따라서 해당 회사가 직접 장착해준다면 판매는 확실히 할 수 있다. 품질이 기본은 된다는 전제 아래 선택은 기왕에 싼 거나 좋은 것으로 갈린다. 평소 싼 물건만 찾아도 자신이 가치를 두는 것에는 돈을 아끼지 않는 게 요즘 소비자다. 1,000원짜리 편의점 커피를 마시면서도 300만 원이 넘는 고성능 '황금 워크맨'을 구매하는 오디오 마니아도 있다. 일본에는 나만을 위한 스토리 있는 청바지를 골라주는 '청바지 소믈리에'가 있다고 한다.

소비자와 공감하는 마케팅

소셜네트워크서비스 이용률은 2014년까지 30%대의 급속한 성

[그림 2-5] 연령별 소셜네트워크서비스 이용 점유율(1순위 응답 기준)

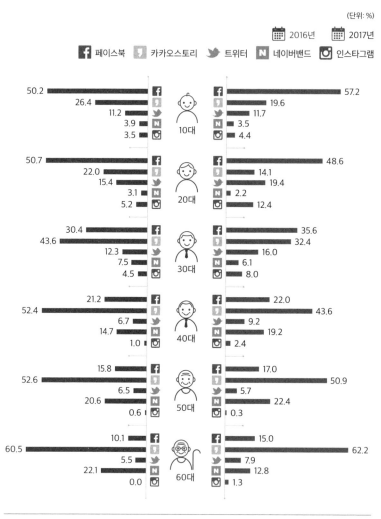

(단위: %)

📅 2016년   📅 2017년

f 페이스북 🟤 카카오스토리 🐦 트위터 N 네이버밴드 📷 인스타그램

10대
- 50.2 f / 57.2
- 26.4 🟤 / 19.6
- 11.2 🐦 / 11.7
- 3.9 N / 3.5
- 3.5 📷 / 4.4

20대
- 50.7 f / 48.6
- 22.0 🟤 / 14.1
- 15.4 🐦 / 19.4
- 3.1 N / 2.2
- 5.2 📷 / 12.4

30대
- 30.4 f / 35.6
- 43.6 🟤 / 32.4
- 12.3 🐦 / 16.0
- 7.5 N / 6.1
- 4.5 📷 / 8.0

40대
- 21.2 f / 22.0
- 52.4 🟤 / 43.6
- 6.7 🐦 / 9.2
- 14.7 N / 19.2
- 1.0 📷 / 2.4

50대
- 15.8 f / 17.0
- 52.6 🟤 / 50.9
- 6.5 🐦 / 5.7
- 20.6 N / 22.4
- 0.6 📷 / 0.3

60대
- 10.1 f / 15.0
- 60.5 🟤 / 62.2
- 5.5 🐦 / 7.9
- 22.1 N / 12.8
- 0.0 📷 / 1.3

자료: 「SNS(소셜네트워크서비스) 이용 추이 및 이용 행태 분석」, 정보통신정책연구원, 2018.6.15.

장세를 보이다 2015년 40%를 넘어선 후 2016년부터 1%대의 성장 정체를 보였다. 2016년에는 1.1%p, 2017년 1.6%p 증가했다. 소셜네트워크서비스 이용이 성숙기에 접어든 2014년부터 30대부터 50대 중장년층을 중심으로 소셜네트워크서비스 이용률이 큰 폭의 증가를 보여왔으나, 2017년에는 20대가 인스타그램을 중심으로 다시 활발하게 이용하면서 소셜네트워크서비스 이용을 주도하는 양상을 보이고 있다. 서비스사별 이용률은 페이스북 〉카카오 스토리 〉트위터 〉네이버밴드 〉인스타그램 순으로 나타났다. 페이스북은 2013년 23.4%, 2014년 28.4%, 2015년 30.0%, 2016년 33.7%, 2017년 35.8%로 지속적으로 이용률이 증가하고 있다. 이러한 페이스북과 20대와 여성의 이용이 현저히 증가하고 있는 인스타그램의 향후 성장에 주목할 필요가 있다.

우리나라 소비자는 지인 추천 유형의 광고(78%)를 가장 신뢰하는 것으로 나타났다. 그다음으로 온라인에 게시된 소비자 의견 유형의 광고(61%)를 신뢰한다고 응답했다. 글로벌 정보 분석 기업 닐슨이 발간한 「광고 신뢰도에 관한 글로벌 소비자 보고서」에 따르면 우리나라 소비자는 주로 같은 소비자 입장의 의견에 신뢰를 하는 것으로 조사됐다.

「광고 신뢰도에 관한 글로벌 소비자 보고서」는 전 세계 60개국 3만 명 이상(한국 응답자 507명 포함)의 소비자를 대상으로 2015년 1분

[그림 2-6] 다음 유형의 광고를 얼마나 신뢰하십니까?

(전체 응답자: 한국 소비자 507명, 단위: %)

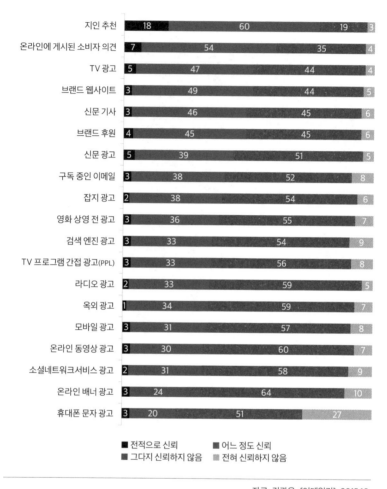

자료: 김관용, 《이데일리》, 2015.10.

[그림 2-7] 다음 유형의 광고를 보고 얼마나 구매하는 편이십니까?

(전체 응답자: 한국 소비자 507명, 단위: %)

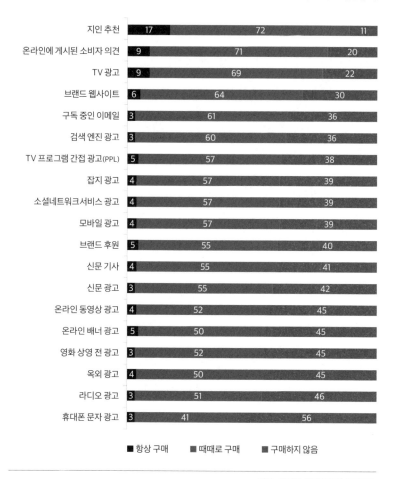

	항상 구매	때때로 구매	구매하지 않음
지인 추천	17	72	11
온라인에 게시된 소비자 의견	9	71	20
TV 광고	9	69	22
브랜드 웹사이트	6	64	30
구독 중인 이메일	3	61	36
검색 엔진 광고	3	60	36
TV 프로그램 간접 광고(PPL)	5	57	38
잡지 광고	4	57	39
소셜네트워크서비스 광고	4	57	39
모바일 광고	4	57	39
브랜드 후원	5	55	40
신문 기사	4	55	41
신문 광고	3	55	42
온라인 동영상 광고	4	52	45
온라인 배너 광고	5	50	45
영화 상영 전 광고	3	52	45
옥외 광고	4	50	45
라디오 광고	3	51	46
휴대폰 문자 광고	3	41	56

자료: 김관용, 《이데일리》, 2015.10.

기 중에 진행된 온라인 설문조사 결과를 기반으로 하고 있다. 이번 조사는 전통적인 4대 매체(TV·신문·라디오·잡지) 외 옥외 광고 및 뉴미디어 광고 등을 포함하는 19가지의 광고 유형 중 소비자에게 가장 큰 영향을 미치는 광고 유형과 메시지를 알아보기 위해 실시됐다.

전 세계인이 가장 신뢰하는 유형의 광고는 지인 추천 유형의 광고(83%)로 한국 소비자와 의견을 같이했지만, 두 번째로 신뢰하는 광고 유형은 브랜드 웹사이트(70%)로 나타났다. 특히 우리나라 소비자는 이외에도 온라인에 게시된 소비자 의견(61%), TV 광고(52%), 브랜드 웹사이트(52%), 신문 기사(49%) 순으로 광고를 신뢰하는 것으로 조사됐다.

어떤 유형의 광고가 구매로 연결되는지 조사해본 결과 광고 유형에 대한 신뢰도가 반드시 광고를 본 후 실제로 구매를 하는 결과와 정비례하지 않는 것으로 나타났다.

광고를 본 이후 실제 구매 비율만 보았을 때 한국 소비자의 경우 신뢰도가 높은 광고 유형인 지인 추천(89%), 온라인에 게시된 소비자 의견(80%), TV 광고(78%) 유형이 여전히 높게 나타나긴 했다. 그러나 신뢰도 측면에서 중위권에 머물렀던 TV 프로그램 간접 광고(62%), 소셜네트워크서비스 광고(61%), 모바일 광고(61%)는 구매 영향력 측면에서는 10위권 안으로 상승했다.

이같이 뉴미디어 광고는 전통적인 4대 매체 광고에 비해 신뢰도가 높지는 않았지만 즉각적인 구매로 이어지는 경우가 높은 것으로 조사됐다. 전 세계 소비자 역시 소셜네트워크서비스 광고의 신뢰도는 46%로 19가지 광고 유형 중 16위로 낮게 조사됐지만 소셜네트워크서비스 광고를 보고 구매를 하는 편이라는 응답은 13위(56%)로 조금 더 높게 나타났다.

어떤 유형의 광고 메시지가 가장 인상적이었는지 조사해본 결과, 우리나라 소비자는 실생활과 연관된 메시지(34%)를 첫 번째로 꼽았다. 뒤를 이어 유머러스한 메시지(33%), 감성적인 메시지(29%), 가치 지향적 메시지(25%), 건강을 주제로 한 메시지(22%) 등을 꼽았다. 전 세계 소비자 역시 우리나라 소비자와 마찬가지로 실생활과 연관된 메시지(44%)와 유머러스한 메시지(39%)가 가장 기억에 남는다고 응답했다. 뒤를 이어 건강을 주제로 한 메시지(38%), 가족 관련 메시지(36%)가 기억에 남는다고 응답했다. 유머와 감성, 가치 소구에 반응하는 우리나라 소비자보다 '가족'이나 '건강'에 대한 관심이 더 높은 것으로 나타났다.

PRODUCTION

3장

가치를 사는 소비자

SERVITIZATION STRATEGY

01 가치의 개념

서비스화는 제품 가치를 높여주는 전략

가치란 제품이나 서비스를 구매할 때 고객이 지불하는 가격에 대해 고객이 사용을 통해 얻는 만족(효용 + 이익)을 말한다. 이 단어가 생소하다면 '혜택'으로 생각해도 좋다. 가치에는 현재 고객이 경험하고 있는 것과 추가로 제공되는 이익 또는 혜택도 포함된다. 이제는 고객 환경의 변화가 다양해 제공할 가치 파악에 좀 더 노력을 해야 한다. 특히 시장의 핵심 변화 요인, 고객의 욕구 변화와 소비 스타일, 기업의 새로운 경쟁우위 요인 등의 변화에 대해 정보를 수집하고 심도 있는 분석을 바탕으로 대응해야 한다.

[그림 3-1] 가치의 구성

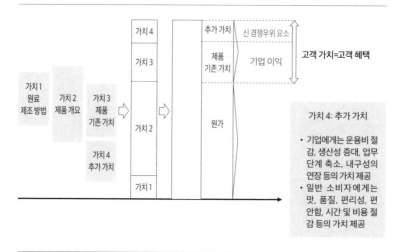

'고객의 욕구는 어떻게 변하고 있는가?', '고객의 관심 사항은 무엇인가?', '사업의 이윤 추진력의 주요 요소는 무엇인가?' 이 세 가지 질문에 적합한 답변을 할 수 있는 단어는 가치다. 그렇다면 시장에서 원하는 가치가 무엇인가? 이 가치를 정확히 판단하면 기업에 필요한 핵심역량을 명확히 구축할 수 있다.

경쟁에서 제품·서비스는 차별적 우위가 없으면 경쟁 요인은 가격 경쟁(?)밖에 다른 것이 없다. 이때 고객의 선택 요인은 가장 낮은 가격이다. 해당 제품·서비스를 구매할 가치는 가격 이외에는 다른 것이 없기 때문이다. 따라서 가치는 제품·서비스의 기본 기능이라고 할 수 있다.

구매 시 추가로 제공되는 요소(점포인 경우 친절·서비스, 위치, 영업시간 등), 제품·서비스의 가격 외적 요인(스타일, 모양, 색상, 편리성, 신속성 등), 고객이 구매·사용을 통해 얻을 수 있는 경험(자부심, 권위, 편안, 차별성, 효율성 등)을 포함하고 있는데 이 중 기업이 가장 잘 만들 수 있는 가치를 선정해 경쟁력을 갖추어야 한다.

고객 가치에는 다음과 같은 것이 있다. 유용성, 사용 용이성, 매력, 재미, 편리성, 편안함, 시간 절약, 불편함 해소, 가성비, 비용 절약, 불안감 해소, 업무 처리의 시간과 비용 절감이 있다. 생산성 증대, 업무 단계의 축소, 구매 비용의 절감, 고장률 감소, 애프터서비스가 신속하고 정확하다, 사용 연수 증대, 자금 부족 해결 지원 등을 통해 만족도를 높이는 것이다.

가치란 무엇인가

가치란 제품(서비스)이 가지고 있는 특징보다 더 많은 혜택을 제공할 수 있는 것이라 할 수 있다. 가치에는 현재 경험하고 있는 것과 추가로 제공되는 이익이나 혜택도 포함된다. 가치와 욕구는 다르다는 것을 이해해야 이 문장들을 좀 더 정확히 이해할 수 있다. 피자를 먹고 싶은 것이 욕구이다(물론 브랜드명도 포함된다). 그런데 해당 피자 점포가 친절해 같은 브랜드 점포라도 특정 점포를 지정해 찾아가게 되는 것은 무언가 다른 게 있는 것이다. 이렇게 고객이 오도록 만드는 요인이 가치인 것이다.

만족의 경우 사용 후 만족도, 애프터서비스 만족도, 느끼는 만족도 등 고객에 따라 다양하게 나타날 수 있다. 최근에는 고객이 느끼는 만족 범위가 다양하고 복잡하며 커지고 있는 것이 일반적이라서 회사는 다양한 마케팅 전략을 세워야 한다.

이들은 보다 개발이 쉽고 시장 접근이 용이한 핵심역량의 차별화를 통해 경쟁우위를 높이고 있다. 이것을 확고히 하는 회사가 시장을 주도하고 있다. 개발이 쉽고 시장 접근이 용이한 것은 무엇인가? 시장 변화를 정확히 파악해 시장에 적합한 사업 또는 사업 방법을 개발, 진입해 성공한 것이다. 이를 위해서는 시장의 변화를 가장 잘 나타내는 고객 가치의 정확한 확인이 우선이다.

제품 가치, 제품(서비스)을 제대로 이해하고 사용이나 효용도를 말하는데 다양한 기능이나 방법을 통해 가치를 높일 수 있다. 기본 기능은 제품이 가지고 있는 본래의 기능이다. 이를테면 과자는 맛있다, 음료는 갈증을 해소한다 등이 해당한다. 부가 기능은 사용 가치, 용도, 기능을 말한다. 제품을 어디에 사용하느냐에 따라 제품의 기능과 가치는 증대한다.

지금까지 언급한 '가치'에 대해 정리해보자. '가치'란 제품 또는 서비스를 구매할 때 고객이 지불하는 가격에 대해 고객이 사용을 통해 얻는 효익(효용 + 이익)을 말한다. 가치는 제품과 서비스의 기본 기능에 구매 시 추가로 제공되는 요소, 제품·서비스의 가격 외적인 요소도 포함한다.

가치의 주요 특징에는 다음과 같은 것이 있다. '가치관'은 보다 좋은 것, 즉 몸에 좋은 것, 보다 맛있고 멋있는 것을 우선으로 선택한다. '경험 구매'는 실제 느껴보고 확인해보고 구매하는 경향을 이른다. '나만의 멋'은 자기만의 특징을 나타낼 수 있는 것으로, 자기에게 좋은 것을 선택하는 것이다. '격상된 느낌'은 어떤 제품의 사용을 통해 자신의 자존심 또는 기분이 나아지는 것을 선호하는 것을 가리킨다. '편리한 것'은 편안하게, 편리하게 해줄 수 있는 것을 선택한다는 의미다. '효용성'은 같은 가격 또는 더 비싸도 보다 좋은 것, 편안한 것, 즐거운 것을 선호하는 경향을 이른다.

최근 가치의 변화를 느껴보려면 랄라블라 또는 편집숍을 들러보기 바란다. 제품이라면 스타일러 또는 에어드레서, 에어프라이어, 다이슨 무선청소기 등을 전시한 매장을 둘러보면 가치의 흐름을 알 수 있을 것이다. 서비스라면 각종 렌털, 공유 경제, 구독 경제, 다양한 배송 방법, 항공의 서비스 방법에서, 사업 방법이라면 옥션, 사우스웨스트항공, 나이키스포츠, 롤스로이스엔진 등의 관련 자료를 통해 소비자의 변하는 가치 변화를 알 수 있다.

[표 3-1]에서 소비재는 식음료·가정용품·가전제품·의복·패션

[표 3-1] 제품·서비스별 고객 욕구 특징

구분	주요 기능	소비재	중간재	산업재
1차 욕구	기본 욕구 충족	• 기본 기능 • 가격 할인 • 선호도	• 제품의 표준과 기본 기능 • 가격과 할인 구조 • 비용 절감 • 제품 보증	• 구매자 욕구와 일치성 • 제공 기능 범위와 A/S • 제품 보증, 기능 보강 • 가격과 할인 구조
2차 욕구	추가 욕구 충족	• 멋, 디자인 • 추가 용도 • 브랜드 로열티	• 관련재와 연관성 • 공급 능력, 수송비와 능력 • 브랜드 로열티 • 기술자의 선호도와 경험	• 기술적 지원, 작동 용이성 • 에너지 소요, 배달 신뢰성 • 기술자의 선호도와 경험 • 구매자의 경쟁적 제안 • 추가 용도, 예상 수익성
3차 욕구	부가 욕구 충족	• 편리성 • 사용 가치 • 내구성 • 부가 효과 • 구매비 절감	• 생산성 • 사용비 절감 • 부가 혜택	• 생산성 • 기본 설비의 보완 사항 • 인력 소요 변화, 구매 자금 지원 • 투자 수익률 공헌도

잡화 등을, 중간재는 건축 자재·부품 등을, 산업재는 기계·장비 등이 해당한다. 소비재, 중간재, 산업재 등 모든 제품·서비스의 기본 기능은 제품·서비스 자체의 품질이나 기능을 말한다. 그러나 2차 욕구에서는 각 제품이 가지고 있는 특징이 사용되거나 선택되고 있는 내용이 다르다. 최근 경쟁이 되고 있는 2차 욕구에서는 품질이 좋고 디자인도 좋으며(소비재), 사용자가 사용하기 편해야 하고 애프터서비스 등도 신속하고 정확해야 한다. 3차 욕구는 제품·서비스를 사용해 사용 만족도는 높으나 사용비가 절감된다든가, 생산성이 더 높아진다든가, 업무 단계가 단축된다든가, 내구성이 길다든

가 등 부가 혜택이 증가해야 고객은 더 선호하고 이를 검토하는 등 가치 선택 범위가 변하거나 추가되었다. 따라서 여러분 회사의 제품이 어느 영역에 속하는지 확인한 후 이에 대한 새로운 자료를 준비해야 한다.

이제는 신제품보다 기존 제품을 이용해 보다 개발하기 쉽고 시장 접근이 용이한 핵심역량의 차별화를 통해 경쟁우위를 높이고 있다. 이는 시장 변화를 정확히 파악해 시장에 적합한 사업 또는 사업 방법을 개발, 진입해 성공했다는 얘기다. 아마존, 페이스북, 코웨이, 더 페이스샵, 코스트코, CGV, 사우스웨스트항공, 델컴퓨터, 부티크호텔, IBM 등이 제공한 사업 방법이 있다. 이들은 시장의 변화를 가장 잘 나타내는 고객 가치의 정확한 확인을 통해 성공했다.

제품(서비스) 가치 구성은 어떤가. 먼저 제품의 개념부터 알아보자. 제품이란 소비자의 욕구를 충족시켜줄 수 있는 모든 유무형의 제품과 서비스를 말한다. 제품에는 세 가지 기능이 포함되어 있다.

첫째, 핵심 기능. 기업이 소비자에게 제공하는 기본 제품의 특징을 말한다. 예전에는 제품 자체 성능만 가리켰는데 이제는 성능 이외에 제품 모양·규격·디자인 등을 포함한다. 1차 기능은 기본적인 제품 기능으로서 소비자가 얻게 되는 핵심적인 제품의 기능, 즉 이익이나 서비스 등이 해당한다. 'TV는 화질이 좋아야 한다'를 예로 들 수 있다. 2차 기능은 부가적으로 얻게 되는 기능으로서 제품 구

[그림 3-2] 제품 포지셔닝과 가치 포지셔닝

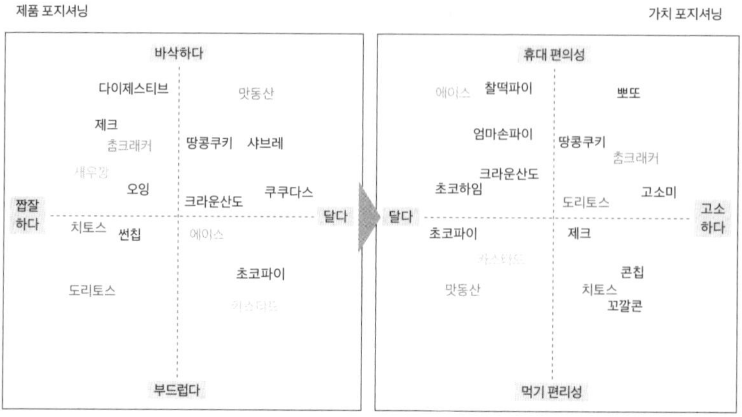

매 시 부가되는 포장·특징·스타일·상표명 등을 말한다. 'TV 모양이 인테리어 소품처럼 만들어졌다'를 예로 들 수 있다.

둘째, 기대 기능. 제품 구매 시 기업이 제공하는 여러 서비스와 혜택 사항을 확인해 향후 제품 사용 시 발생할 수 있는 애로 사항을 해결해줄 수 있는 능력을 말한다. 3차 기능은 추가로 제공되는 기능이다. 제품 설치, 애프터서비스, 품질 보장, 배송과 신용 제공 등을 말한다. '애프터서비스가 잘되지 않으면 팔리지 않을 것이다'를 예로 들 수 있다.

셋째, 확대 기능. 제품 사용 시 제공된 특징이나 기능보다 더 많은 다른 혜택을 고객이 얻게 되는 가치를 말한다.

가치에 대한 보다 쉬운 이해는 [그림 3-2]의 과자의 제품 특징과 가치를 비교해보면 알 수 있다. 경쟁 제품 비교 시 제품의 특징·가격·디자인·포장 등은 제품 포지셔닝의 분석으로 경쟁력을 파악할 수 있는데 이는 소비자의 고객 욕구에 적합한 제품임을 파악하는 것이 아니라 제품 특징을 중심으로 분류한 것이므로 고객이 원하는 제품 분석으로는 미흡하다. 따라서 제품이 가진 가치를 중심으로 분석하면 고객 욕구의 적합도를 확인할 수 있다.

제품 특징상 경쟁자를 비교해보면 새우깡은 짭잘하면서 바삭한 제품인 오잉, 참크래커와 경쟁이 될 수 있으나 제품이 제공하는 가치를 중심으로 비교해보면 새우깡은 맥주 안주나 고소함을 느끼는 꼬깔콘, 치토스와 경쟁이 되는 것이다. 이렇듯 제품 전략 수립 시 제품 특징과 제품 가치에 따라 시장 전략의 변화가 필요한 것이다.

가치와 가치 소비

경제학은 인간의 모든 선택을 '편익'과 '비용'의 비교라는 관점에서 본다. 젊은 층이 결혼에 소극적인 이유는 결혼에 따른 편익이 그 비용보다 낮다고 판단한 사람이 많아졌기 때문이라는 분석이 가능해진다.

노벨 경제학상을 받은 '행동경제학의 대가'인 게리 베커Gary Becker

교수는 인간의 모든 행동이 효용을 극대화하려는 합리적 선택의 결과이며, 결혼도 예외가 아니라고 봤다. 베커 교수는 "결혼은 결혼을 통해 얻을 수 있는 만족이 독신일 때 얻는 만족보다 클 것이라는 기대가 전제됐을 때 가능하다"고 했다.

경제가 발전하고 전체적인 삶의 수준이 높아지면서 사람들은 제품 자체의 기능보다 브랜드 가치 등을 더 원하기 시작했다. 그 결과 가격 만족보다는 사용하면서 얻을 수 있는 혜택을 더 많이 추구한다. 특히 불황일 때 소비자는 가능한 비용은 적게 사용하면서 사용 만족도는 더 얻을 수 있는 제품을 찾고, 구매하는 현상이 두드러진다(일명 가성비라고도 한다).

물론 소비자 자신의 만족도를 더 높일 수 있는 제품은 가격이 높고 만족도를 높일 수 있는 제품을 구매하기도 해 두 가지 구매 양상을 나타내고 있다. 최근 이러한 소비 양상이 나타나며 이런 트렌드에 적합한 제품, 서비스가 인기를 얻고 있다. 이러한 현상을 학문적으로 '가치 소비'라 한다.

가치는 제품 소비를 통해 만족감을 얻는 정도를 말하며, 가치 소비는 소비자가 직접 필요한 제품에 대한 여러 가지 사전 정보를 꼼꼼히 비교 검토해 구매, 소비하는 방식을 말한다. 다른 사람이 뭐라 하든 변덕스럽던 나를 만족시키는 물건을 사겠다는 것이다. 가치 소비의 기본 구매 행태는 다음과 같다.

$$\text{가치} = \frac{\text{재화를 통해 누릴 수 있는 만족}}{\text{재화의 가격}}$$

$$\frac{\text{만족}\uparrow}{\text{가격}\downarrow} = \text{가치}\uparrow \qquad \frac{\text{만족}\downarrow}{\text{가격}\uparrow} = \text{가치}\downarrow$$

일례로 [그림 3-3]의 2017년 엠브레인 트렌드모니터에서 조사한 자료를 보자. 실제 소비자의 64.4%는 가치 소비 경험이 있다고 응답했다. 2015년 조사에 비해 이 수치가 크게 증가한 것으로 보아 소비자의 가치 소비 성행이 이전보다 더 강해졌다는 것을 알 수 있다. 이렇게 위안을 삼는 가치 소비의 주된 대상은 여행·먹을거리·의류 등으로 이는 2017년 '취향 소비'라는 키워드로 떠오른 소비 대상과 일치하는 모습을 보였다.

최근 가치 소비의 특징은 자신의 가치를 극대화시켜주는 제품의 구매, 소비를 하며 그렇지 않은 일상 제품은 최대한 절약하는 소비 현상이 나타나고 있다. 즉 실제적인 혜택을 주는 제품의 인기는 계속 증가하고 있다.

가치 소비는 두 가지 특징으로 나타난다. 첫째, 기본 기능을 갖추고 가격이 저렴한 제품을 구매하는 것이다. 둘째, 가격이 그리 저렴한 편은 아니지만 더욱 좋은 성능을 갖춘 제품을 구매, 소비하는 방식으로 나타난다. 가격보다 만족도를 중시하는 소비 행태여서 주

[그림 3-3] 가치 소비 경험 및 품목

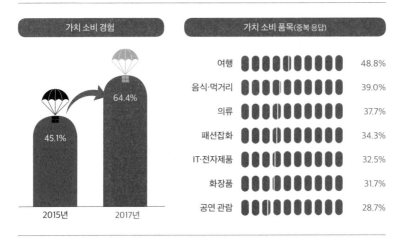

가치 소비 경험		가치 소비 품목(중복 응답)	
2015년	45.1%	여행	48.8%
2017년	64.4%	음식·먹거리	39.0%
		의류	37.7%
		패션잡화	34.3%
		IT·전자제품	32.5%
		화장품	31.7%
		공연 관람	28.7%

자료: 엠브레인 트렌드모니터

로 개인적 심리, 브랜드 등을 중요시한다. 서비스화는 후자에 속하는 제품을 보다 저렴한 방법으로 사용하는 것을 말한다.

최근의 우리 시장을 설명하는 중요한 개념으로 가치 소비자Value Consumer를 빼놓을 수 없다. 중저가 명품인 매스티지 제품의 인기, 역대 모델을 기용한 저가 화장품의 세몰이, 내수 불황을 무색하게 하는 고가 승용차, 디지털 가전 등의 호황은 시장에서 드러나는 가치 소비의 일면이다. 많은 제품 정보의 다양한 정보 채널로 얻어진 지식을 통해 소비자는 제품의 특징과 가치를 인지하고 있다. 그러나 구매, 사용 환경은 각각 다르기 때문에 구매 현상은 같이 나타날 수 없다. 제품 서비스화의 렌털, 사용량에 따른 비용 지급 등의 서비스화 방법은 보다 많은 구매 고객을 증대시킬 수 있어 많은 기업이 다양한 서비스화 방법을 도입해 활용하고 있다.

가치 소비가 증가하는 이유는 무엇인가. 먼저 시장 환경의 영향을 들 수 있다. 정보 채널의 발달과 다양화가 소비자에게 자세한 정보를 확인할 수 있게 조성되어 보다 적합한 제품, 보다 저렴하면서 만족을 증대시킬 수 있는 기회를 제공해 나타나는 현상이다. 다음은 소비자 자신이 솔직하게 소비 결정을 한다는 사실이다. 그 결과 주관적 가치 만족을 위해 전체 시장을 대상으로 최적의 제품을 찾아 나서고 적합한 제품을 구매한다. 이러한 현상은 소비자는 보다 만족도가 높은 제품, 기업은 품질·서비스 등 소비자의 욕구를 충족시킬 수 있는 제품을 제조하게 된다. 그런데 소비자 만족도를 증대하려면 제품만 가지고는 한계가 있다. 소비자 만족, 시장 경쟁 상황에 우위를 구축하기가 어려워 만족도를 높이는 방법으로 제조 서비스화 방법을 채택하고 있다. 많은 기업이 이에 적합한 제품(서비스)을 출시해 시장 점유 확대 및 이익 증대 목표를 달성하고 있다.

가치 구조

가치 구조는 제품·서비스의 자체 특징, 제품·서비스의 정보 탐색, 제품이 고객에게 전달되는 과정, 고객의 구매 행동과 특징, 사용 만족과 사후 관리 등으로 나눌 수 있다. 각각의 가치 구조에 포함되는 세부 내용을 얼마나 잘 활용, 관리하느냐에 따라 고객이 느끼는 가치의 크기는 다르다. 따라서 각각의 가치 구조 내용별로 고객 만족 증대와 차별적 우위를 갖추게 하는 것이 기업의 고객 가치 창출 활동이다.

고객은 제품·서비스를 구매, 사용 시 일련의 경험 과정을 겪는데 제품·서비스의 탐색을 시작으로 구매→배송→사용→유지보수→폐기·처분에 이르는 6단계 사이클을 거친다. 따라서 기업은 각 단계에서 발생하는 고객의 불만 사항, 미충족 욕구, 기타 문제점 등이 무엇인지를 잘 파악해야 새로운 고객 가치를 발굴할 수 있다.

실제 고객 가치는 단계별로 고객이 추구하는 효용 가치를 분석해봄으로써 도출할 수 있다. 물론 제품·서비스별로 고객 가치에 차이가 있다. 이는 판매하는 제품·서비스의 특성을 감안해 고객 가치를 찾아내는 노력이 매우 중요하다. 찾아냈다면 직원과 공유를 위해 향후 열람이 가능하도록 자료화하는 것도 필요하다.

미충족 욕구란 고객의 새로운 욕구에 적합한 가치를 제공하지 못해 나타나는 욕구다. 이것은 사용하면서 나타나는 불만 사항과 다르다. 과거에 충족하지 못한 가치를 충족시켜 사업을 성공시키는 방법을 말한다. 최근 미충족 욕구를 충족시켜주는 방법이 좋은 사업 기회를 창출하고 있다.

가치 측정 레이더

　기업이 추구하는 가치는 다양하겠지만 대부분 네 가지로 구분할 수 있다. 예를 들면 회사 이익, 구매자 비용, 품질, 소비자 사용 만족도다. 이를 중심으로 세부 가치를 분류한 후 이에 대한 제품 제공 가치의 현실을 파악해보면 소비자가 얻을 수 있는 혜택을 통해 만족 및 부족한 사항, 소비자 불만 및 미충족 욕구 등을 정확히 확인, 대응할 수 있다.

　구매자 비용은 소비자가 제품(서비스)을 구매 및 사용 시 드는 비용이며 이의 절감을 통해 혜택을 제공하는 것을 말한다. 비용 규모에서 가장 많이 드는 것을 선택하고 혜택 제공 가능성이 높은 항목을 세부 점검 사항에서 선택한다. 여기서는 구매 비용, 애프터서비스 및 수리비용, 이전 및 기타 비용을 세부 평가 항목으로 정했다.

　품질에서는 기능, 성능(정수 효과), 애프터서비스 빈도를, 회사 이익은 브랜드 인지도, 이익률, 투자비 회수 기간, 고정 고객 증가를 필요 항목으로 선정했다. 사용 만족도에서는 사용 시 발생하는 불만 또는 미충족 욕구를 확인해 이에 대한 어려움을 극복해주는 것을 선택했다. 만약 검토 항목이 더 증가하면 추가하면 되고 실행 가능성과 제공 가치가 높은 것부터 선정하면 효과가 높다.

　생산재에서 가장 중요한 가치는 구매한 제품이 비용 절감 효과,

[그림 3-4] 소비재 가치 측정 레이다

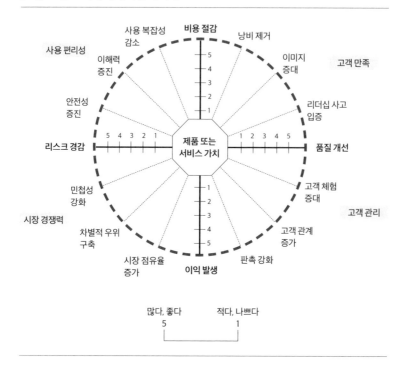

생산성, 고장 발생률, 수리 기간, 애프터서비스 지원 체계 등 소비자의 혜택에 대한 생각이 우선이다. 다음으로는 해당 제품의 사용 가치를 검토해야 한다.

사용이 복잡한 것은 아닌가, 안전 장치는 잘 돼 있는가, 제품을 쉽게 숙달할 수 있는가, 부품 조달은 쉬운가 등의 확인이 필요하다. 이 과정을 마치면 수익성은 얼마나 되는지와 사용자 관리 방법에 대한 준비를 점검한다.

[표 3-2] 제품(서비스)별 가치

구분		산업재		소비재			소매점
		선반 기계	저가 항공사	여행사	도너츠	베이커리 카페	동네 슈퍼
기능	기본 기능	잘 깎인다	비행기 여행	여행	맛있는 빵	커피숍	구매
	부가 기능	작동이 쉽다 크기가 작다	가격 저렴	원하는 여행	맛있는 케이크		접근성이 높다
	추가 기능	신속한 A/S	빠른 탑승	만족도 증대	부드럽다	좋은 분위기	야간 구매 가능
가치	핵심 가치	고생산성	쉬운 예약	여행 상담	색다른 맛	대화 공간	편리성
	신가치 제공	유지비 저렴 고장률 감소	빠른 발권	맞춤 여행	맛있는 커피	권위 부여	배달

고객 가치와 경험 사이클

소비자는 업무나 생활의 필요에 의해 해당 제품·서비스에 대한 구매 탐색에서 구매, 사용, A/S, 폐기까지 경험 과정을 겪는다. 해당 제품·서비스의 탐색, 구매, 사용, 보완, 유지보수, 폐기·처분 등의 6단계의 경험 단계를 거치는데 각 단계에서 발생하는 고객의 문제점 현안, 잠재적 애로 사항이나 추구 가치 등이 무엇인지를 잘 규명할 경우 새로운 고객 가치를 발굴하고 해결할 수 있을 것이다.

경험 사이클 분석을 통해 찾아낸 새로운 고객 가치를 제대로 구

[그림 3-5] 고객 경험 과정 분석을 통한 사업 기회 창출 방법

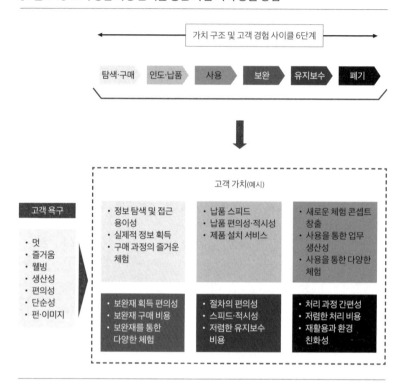

현할 경우 해당 제품·서비스의 기존 룰을 바꾼 기존 사업의 새로운 차별화 요소 발굴 및 다양한 고객 문제를 해결하는 새로운 비즈니스 모델의 창출 등도 가능하게 된다. 나아가 신제품 개발 기회도 가질 수 있다. 실제 고객 가치는 경험 사이클 단계별로 생산성 증대, 비용 절감, 리스크 감소, 불량 감소, 단순성·간편성, 편의성, 재미·즐거움, 환경 친화성 등 고객이 추구하는 효용 가치의 궁극적인 지향점·목표인 효용 지렛대를 대입해 분석함으로써 도출할 수 있다.

경험 사이클 1단계: 탐색

소비자가 제품을 선택하는 데 직접적 영향을 미치는 단계로서 제품 특징·혜택·가성비 등을 강조해야 한다. 이때 정보에 접근하는 시간이나 단계를 단축하려는 정보 탐색·접근이 쉬워야 한다. 또한 보다 적은 노력으로 풍부하고 실효성 있는 정보를 획득할 수 있어야 한다. 무엇보다 제품·서비스에 대한 이해가 잘 되도록 제품 소개 내용이 쉬워야 한다. 그 수준은 고등학교 졸업자가 이해할 수 있도록 해야 한다. 이 내용은 쉽게 간과할 수 있는 내용이나 실제 소비자는 매우 관심 있는 분야이므로 매우 쉽고 정확하게 작성해야 한다. 신용어는 쉬운 설명(예: 링클 케어-주름 관리), 영어는 한국어와 영어의 병행 표기가 중요하다(병행 표기 예: 화이트닝Whitening).

SPF30+ / PA++과 SPF50+ / PA+++은 어떻게 다른가
SPF: 자외선 차단을 나타내며 숫자가 높을수록 차단 시간이 길다.
PA: 자외선 차단 강도를 말한다. +가 많을수록 차단 강도가 강하다.

물론 고급스러운 매장 분위기, 친절한 종업원의 태도 등 구매 과정의 즐거운 체험 등도 서비스화의 방법에 공헌할 수 있다.

이제는 정보 회득 채널이 다양하므로 온·오프라인을 최대한 활용해야 한다. 연령대별로 접하는 채널이 다르기 때문에 목표 고객에 적합한 채널을 이용하면 되겠지만 소셜네트워크서비스, 유튜브 등 온라인, 모바일 앱의 이용 및 구매가 증가하고 있으므로 이에 대한 검토가 필요하다. 특히 소셜네트워크서비스는 다양한 제품 및 제품 번들링 옵션, 사용자 중심의 편리한 메뉴 구조 등 정보 탐색·접근이 용이하다. 사용 후기 활성화를 통한 풍부한 간접 사용 체험 등으로 실제적인 정보를 획득할 수 있다는 것이 장점이다. 나아가 경험 단계로도 확장되고 있다.

소셜네트워크서비스로 조밀하게 연결된 소비자은 전 세계 사람들과 실시간으로 제품·서비스에 대한 취향과 평가를 공유하면서 공급자에 대한 신속하고 강력한 피드백을 제공한다. 나아가 상거래 플랫폼에서 개별적 차원을 넘어 소비자·공급자·유통업자의 역할에 직접 참여하고 있다.

가격 대비 만족감 비율을 뜻하는 '가심비'가 등장했다. 가격이 좀 비싸더라도 자신의 행복이나 즐거움을 위해 상품을 구매하거나 서비스를 이용하는 소비자이 늘어나고 있다. 가심비를 추구하는 소비자는 가격이나 품질 이전에 소비가 만족감이나 즐거움 같은 심리적 효용이 크다면 망설임 없이 지갑을 연다.

경험 사이클 2단계: 구매

최근에는 온·오프라인을 통한 제품·서비스 정보 획득과 유통 채널이 다양화됨에 따라 고객의 유통 채널에 대한 선택의 폭 확대, 다양한 유통 채널 간 경쟁 등으로 기업의 가치 제공이 경쟁력으로 정착되고 있다. 이의 경쟁력을 갖추기 위해 배달 앱의 이용이 증가하고 있는데, 그 성장성이 매우 높다.

고객이 추구하는 가치는 다음과 같다. 먼저 구매 장소, 온라인 구매, 경쟁 제품 비교, 제품 특징 안내서, 가격 비교 면에서 구매하기 편리해야 한다. 다음으로 제품별로 다르지만 가격은 공통이다. 소비재는 소확행 추구와 가성비·디자인·편리성 등이, 생산재·중간재는 생산성 증대와 비용 절감 등이 강조되어야 한다.

이때 서비스화는 제품의 차별화를 제공하는 강력한 방법이 될수 있다. 그 외 배송 속도, 배송의 편의성·적시성과 서비스화 방법인 제품 설치·세팅 서비스 등의 제공은 경쟁우위의 핵심 방법이 될수 있다. 배송의 편의성·적시성은 고객이 원하는 장소 또는 약속된 시간에 인도받기를 원하면서 하나의 서비스화 경쟁력으로 정착하고 있다. 제품 설치·세팅 서비스는 설치 후 곧바로 사용할 수 있기를 요구하며 홈시어터 시스템, 블랙박스 같은 제품은 최적의 배치 및 세팅이 필요하므로 주로 발생한다.

경험 사이클 3단계: 사용

제품·서비스 차별화에서 기업의 경우 제품의 특징·편익, 즉 기능이나 성능, 품질 등을 중심으로 제공 가치를 차별화하고 소비자는 제품·서비스 자체의 개선을 통한 차별화된 혜택이 필요하다. 사용자의 관심사는 다음과 같다. 자신에게 얼마나 많은 만족도를 주는가? 편리성, 불안감 해소, 구매비 대비 효용성, 나만의 특별함을 얻을 수 있는가? 기업의 경우 해당 제품·서비스가 회사 업무 수행에 대한 생산성 향상, 경비 절감, 신속한 애프터서비스, 무고장 등을 제공하고 있는가?

경험 사이클 4단계: 보완

보완은 별도의 제품·서비스 추가를 통해 해당 제품의 사용 가치를 증대시키는 단계다. 기능의 추가 장착, 제공 프로그램의 기능 향상, 사용 만족도 점검 및 지원 등이 해당된다. 이 내용이 다양하고 정밀할수록 소비자의 만족도는 증가한다. 최근 렌털 사업에서 제공되는 각종 기계, 생활기기 등은 보완 사항의 지원에 따라 만족도를 높일 수 있다. 소비자는 시간·장소의 제약 없이 보다 편리한 방법으로 지원, 지원에 필요한 사항의 구매 비용, 보완을 통해 얻을 수 있는 새로운 체험 등을 추구한다.

경험 사이클 5단계: 유지보수

유지보수는 자사 제품·서비스에 대한 품질 신뢰도를 유지한다는 측면에서 고객 충성도에 영향을 미치는 단계다. 유지보수 단계에서 고객이 추구하는 가치로는 쉽게 유지보수를 받으려는 '간편성', 원하는 시간에 유지보수 받으려는 '적시성', 저렴한 유지보수 비용 등을 들 수 있다.

예를 들어 GE메디컬은 자사의 모니터링 장비와 고객 의료기기를 연결해 발생하는 기기의 결함, 성능 변화 등을 실시간으로 지속 감시하고 있다. 이를 통해 발생 가능한 문제점을 미리 파악해 능동적·즉각적으로 대응함으로써 고객에게 유지보수의 간편성과 적시성이라는 가치를 제공하고 있다.

전통적으로 감가상각이 있는 기계 장치 등의 자본재, 통신 장비 같은 인프라, 제품 수명주기가 길고 가격이 비싼 소비 내구재 등이 유지보수가 중요한 제품군이다.

그러나 최근 빠른 기술 혁신, 새로운 보완재 출현 등으로 제품 성능을 지속적으로 향상시키는 것이 필요해지면서 하이테크 소비재의 유지보수에 대한 니즈도 증대되고 있다. 또한 기업이 해당 제품 판매와 더불어 제품에 대한 지식을 바탕으로 유지보수 쪽으로 확장하는 경향도 늘어나고 있다.

[표 3-3] 커피숍의 경험 사이클과 가치 구조

기본 준비 사항	• 이미지: 편안, 깨끗, 럭셔리 • 구매 편리성: 동선, 진열, 정보 지원 • 종업원: 복장, 미소, 지식 수준, 화법 • 이벤트: 마일리지, 판촉 활동
제품·서비스의 가치	• 기능적 가치: 제품 서비스의 주요 특징-내구성(TV, 냉장고), 신뢰성(냉방 효과, 삶의 효과) • 사회적 가치: 사회적 인정 정도(고장이 잘 나지 않는다, 맛이 좋다) • 감정적 가치: 감성, 감정적 교류 사항(블로그, 제품 이미지) • 인식적 가치: 상품의 독특성과 만족도(신 아이디어 사업·상품) • 조건적 가치: 가치의 확장(복합 기능 제품, 용도의 확대)

구분	세부 요소	차별화 요소	제안 가치
1단계 상품·서비스 탐색 (내용 이해가 쉽고 빠르게)	• 상품·서비스의 특징	• 주요 기능 • 감성 요인 • 제공할 효익 • 내용의 이해 용이성	• 커피 • 따뜻함, 안정감 • 맛, 분위기 • 소비해보면 바로 알 수 있다
2단계 구매 (즐거움 제공)	• 구매 활동	• 종류의 다양성 • 가격의 차별성 • 가치 차별성	• 다양한 맛 • 판매 가격 • 제공되는 서비스와 분위기
	• 점포 개설	• 점포 위치 • 온라인 점포 • 무점포 판매	• 번화가 인접 점포 가능 • 별도 전략 • 별도 전략
3단계 배송 (빠르고 정확히)	• 납품	• 속도 • 편의성 • 적시성 • 제품 설치 • 배송 방법	• 주문 후 도착 시간 • 점포로 직송 가능 • 도착 시간의 오차 • 기계에 설치 • 소량 주문도 배송
4단계 사용 (기본 혜택)	• 만족도	• 기능적 가치 • 감정적 가치 • 인식적 가치 • 조건적 가치 • 사회적 가치	• 맛이 좋다 • 제품의 격이 있다 • 먹으면 기분이 좋다 • 점포 분위기가 좋다 • 숍에서 여러 가지 일을 할 수 있다

(부가 혜택)		• 효용·권위·재미·이미지·
		  편리성·편안·고객 관리·
		  생산성·비용 관리
			• 편안하고 맛이 좋으며 공부, 회의
			  도 한다

5단계 애프터서비스 (빠르고 정확히)	• 청구 • 고객 대응	• 청구 절차의 용이성· 간편성 • 속도·적시성 • 소요 비용	• 전화, 메일 이용·담당과 즉석 연결 • 30분 내 처리·약속한 시간에 미팅 • 청구 비용 없음
6단계 폐기·처분 (빠르고 저렴하게)	• 처리 과정	• 간편성 • 처리 비용 • 재활용 • 환경 친화성	• 연락 후 다음 날 처리 • 무게 기준·처리 대행 • 재활용 방법 안내·재활용 실천 • 추후 공지

경험 사이클 6단계: 폐기·처분

폐기·처분은 제품 교체주기 단축, 법적 규제, 고객의 환경 친화에 대한 인식 제고 등으로 최근 그 중요성이 보다 높아지고 있는 단계다. 폐기·처분 단계에서 고객이 추구하는 효용 가치는 폐기 처리 과정의 간편성, 저렴한 폐기 처리 비용, 폐기물 재활용이나 환경 친화성 등을 들 수 있다. 예를 들어 폐가전 무상 수거 서비스, PC 보상 판매, 중고 휴대폰 시장 활성화, 번호이동 가입자에 대한 단말기 보조금 지급 등은 폐기·처분 비용 절감을 요구하는 고객 가치를 충족시키기 위한 사례다.

종합해볼 때 과거 탐색·구매, 제품 본래의 특징·편익에 기반한 사용 등에 고객의 관심사가 집중돼 있었다면 향후 고객 가치는 경험 사이클 전 단계로 확산되고 있을 뿐 아니라 개별 경험 사이클 내에서도 다양화되고 있다. 서비스화는 소비자의 경험 사이클에 대한 깊이 있는 분석을 통해 활용성이 높은 요인들을 확인할 수 있다.

예시로 커피 판매 사업의 경험 단계별 가치 분석을 해볼 것이다. 커피숍은 좋은 원두를 제공해 커피 맛과 분위기가 좋아서 인기가 있으며 커피를 제공하는 기업은 커피 회사의 커피숍 경영 이익에 도움이 되는 커피 추출 비용과 소요 시간, 커피 절약 방법, 커피 찌꺼기 활용 방법 등에 대한 새로운 아이디어 및 정보를 제공하고 또 해결해주어야 해당 문제를 해결할 수 있다.

[표 3-4] 커피 판매 회사의 검토 사항

맛	커피 맛을 높이고 맛을 지속적으로 유지시키는 요소 ② 끓이는 온도, 소요 시간에 따른 맛의 변화 정도 ③ 첨가물의 농도, 분량에 따른 맛의 변화 정도
생산성 증대	종업원의 생산성을 높일 수 있는 요소 ⑤ 커피를 끓이는 시간이 가능한 짧다 ⑥ 커피를 끓이는 단계 축소 가능 ⑦ 커피 기계의 청소 수월성과 청소 시간이 적게 걸린다
비용 절감	실제 커피 판매 시 비용을 절감할 수 있는 요소 ① 커피 원두 값이 비교적 저렴 ④ 커피 사용량의 감소 ⑧ 커피를 끓일 때 소요되는 물의 양도 감소 ⑨ 커피를 내릴 때 사용하는 필터의 사용량과 ⑩ 커피 찌꺼기의 양이 적어야 한다
기타	간접적으로 사업에 영향을 미치는 요인 ⑪ 커피 찌꺼기의 재활용 방법도 필요하고 쓰레기 처리 비용도 줄여야 한다

[표 3-4]에서 번호는 사업 시의 중요도 순을 나타내는 것으로 번호가 우선일수록 더욱 중요하다. 역시 원두의 가격이 가장 중요하다. 필요하나 중요도가 낮은 것은 ⑪의 커피 찌꺼기 처리 비용이다. [표 3-4]에서 다룬 이론적인 수준의 검토는 실제와 다를 수 있다. 그러나 이 정도의 준비를 갖출 수 있는 자세가 매우 중요하다.

여러분 회사의 커피 원두는 어떤 특징이 있으며 다른 경쟁 제품과 무엇이 다른지 확인할 필요가 있다. 그래서 고객에게 가격만 제시하는 것이 아니라 전체적으로 얻을 수 있는 혜택을 제공해 커피 판매 거래처를 증대시키고 유지해야 한다. 원두를 구매할 때도 [표 3-5]의 내용을 활용할 수 있게 원두 선택 기준을 변경해 보다 성과

[표 3-5] 커피 사업의 가치 구조와 경쟁우위 요소

기존 가치 구조	추가 가치	제공할 차별적 가치
커피 원두 재배 계획		
커피 원두 재배		
원두 구매 및 가공		
원두 판매		
원두 구매 • 가공 커피 판매 회사 • 커피 상품 판매 회사		
저장		
원두 볶기		
연구개발		
커피 생산		
커피 음료 판매: 직영 유통점 • 제품 • 고객 서비스 제공 • 점포 분위기 • 점포 내 활동		
서비스: 배송 전문 회사		
광고 및 판촉 활동: 마케팅 전문 회사, 광고 및 판촉 활동 전문 회사		
찌꺼기 폐기 수선 및 A/S		

가 있는 원두를 확보해야 한다. 이제 원두커피 사업자는 커피음료 판매자의 원가, 맛, 업무 단계, 시간, 폐기물까지 관리하는 문제 해결자가 되어야 한다.

기업이 소비자에게 제공하는 가치

최근 기업에서 전략을 논할 때 고객 가치라는 용어를 자주 사용한다. 어떤 기업에서는 철학적이고 추상적인 의미로 고객 가치를 이야기하는 반면, 또 다른 기업에서는 실무에 바로 적용하기 위한 구체적인 개념으로서의 고객 가치를 말하기도 한다. 마케팅에서 활용되고 있는 고객 가치를 이론적 개념 관점에서 정리해본다.

제품 가치는 제품의 기본 기능이자 제품 자체가 지니고 있는 가치인 핵심 가치와 제품이 출시되어 소비자에게 좋은 관계를 형성하는 브랜드, 포장 디자인 및 제품 디자인 등 2차 기능인 기대 가치를 제대로 갖추어야 한다. 그리고 3차 기능에 해당되는 애프터서비스, 품질 보증, 배송 등 제품 판매 후 소비자의 불편 및 어려운 상황을 해결해주는 기능을 갖추게 되는 것이다.

가치 나침반의 가치 제공 차원에서 기업의 위치는 고객이 판매자의 가치사슬이나 총체적 경험에 얼마나 많이 참여하는지에 달려 있다. '핵심 상품'은 고객 가치사슬 또는 총체적 경험의 특정 부분을 만족시키기 위해 간결하게 정해진 패키지다. '확장된 가치 제공'에 있어 기업은 고객의 가치사슬이나 총체적 경험의 더 많은 부분을 차지한다. 가치사슬이나 총체적 경험의 일부분을 통합시켜 고객에게 제공함으로써 고객의 가치를 높여준다. '토털 솔루션의 제공'이란 고객의 가치사슬 전체를 포함하거나 고객의 전체적 경험을 지원한다. 토털 솔루션의 각 요소는 여러 시기에 나누어 제공될 수 있다.

피터 드러커와 함께 현대 경영의 창시자로 불리는 톰 피터스는 이렇게 말했다. "현대는 상품을 파는 것이 아니라 상품에다 플러스알파를 파는 시대로 접어들었다." 과거의 상품이나 서비스를 싼값으로 제공하는 것을 본원적 상품의 판매라고 보면, 정보나 경영의 노하우로 상품과 서비스를 포장해 판매하는 것을 부가가치 창출 판매라고 볼 수 있다는 얘기다.

확장된 가치 제공이 고객이 받는 총효용을 높이거나 총지출액을 감소시킬 때 고객은 이익을 보고 가치 제공에 반응한다. [그림 3-6]을 통해 가치별 활용 내용을 보자. 기본 성능의 경우 성능대로 판매해 가격이 비싸진다면 기본 성능이나 내용을 감소시켜 제공하는 것도 소비자에 대한 최적화된 가치를 제공할 수 있다. 그러나 현 소비자가 가격에 민감하지 않다면 그대로 제공하면 된다.

기대 가치의 경우도 가격 경쟁이 필요하다면 포장비와 색도를 조절해 원가를 낮추든가 기본 제품과 추가 사항을 별도 구분, 판매해 가격 저항력을 낮추는 경우도 검토해볼 수 있다. 그러나 최근에는 제품 기능을 사용이 편리하도록 만들어 가격 저항을 없애거나 현저히 낮추고 있다(제조 서비스화). 밥솥, 에어프라이어, 구름치노, 스무디차퍼, 스타일러, 실내 청소기, 다리미, B+ 프리미엄 등 많은 제

[그림 3-6] 제품의 가치 요소별 고객 가치 최적화 검토

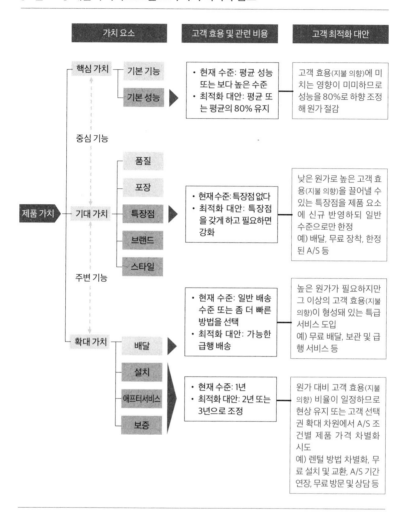

품이 소비자의 만족도를 높이고 있다.

　최근 경쟁 요소에 등장하는 확대 가치는 없을 수 있으나 소비자에게 보다 나은 가치를 제공한다면 필요한 사항이 되는 것이다. 따라서 확대 요소에 속하는 내용을 서비스화로 제공해 경쟁력을 높이는 것이다. 배달, 교환, 애프터서비스 기간과 무료 실행, 무료 장착, 렌털, 리스, 사용료 징수 방법 등 다양한 내용이 필요하며 이를 충분히 검토해 회사에서 제공하는 서비스화 내용으로 활용하면 된다(제품 서비스화).

고객 입장에서의 고객 가치

　기업이 고객에게 제공하는 제품·서비스에 대해 고객이 느끼게 되는 가치나 편익을 말하는 것으로 여러 가지 개념이 있다.

　첫째, 낮은 가격으로서의 가치. 고객이 가격과 가치를 동일시해 가격으로서 가치를 인식하는 경우다(스케처 & 비숍Schechter & Bishop, 1984).

　둘째, 혜택으로서의 가치. 제품·서비스를 구매·이용함에 따라 고객이 받게 되는 혜택이나 편익을 가치로 인식하는 것이다. 즉 고객이 원하는 것으로서 경제학에서의 효용과 비슷한 개념이다(스케처, 1984).

　셋째, 품질 대비 가격으로서의 가치. 가격과 품질 사이의 교환 관계로서 가치를 인식하는 것으로 동일한 품질이라면 상대적으로 낮은 가격의 제품·서비스에서 더 높은 가치를 느끼게 되는 것이다.

넷째, 지불 대비 가치. 고객이 지불한 모든 요소(가격·시간·노력 등) 대비 받게 되는 모든 획득 요소(품질, 이용 경험, 정서 등)를 고려해 가치를 파악하는 것으로 실무에서 흔히 말하는 VFM~Value for Money~이 여기에 속한다(소이어 & 딕슨~Sawyer & Dickson~, 1984).

다섯째, 경쟁 대비 우월성으로서의 고객 가치. CVA~Customer Value Added~로 불리는 고객 가치로, '고객 부가가치'라고 할 수 있겠다. 1984년 AT&T에서 기존 고객 만족도 지수를 보완한 개념으로 CVA를 실무적으로 처음 활용했다. 우리나라에서는 KT 등의 기업에서 현재도 기업 내부의 주요 성과 지표로 활용하고 있다.

기업에서 고객 가치 개념을 적용하고자 할 때는 언급한 다섯 가지 내용 중 어떤 가치를 의미하는지 분명히 한 다음 실무적으로 활용하는 것을 추천한다.

[표 3-6] 가치 점검표 ① 점포에서 제공하는 가치

구분	주요 내용	제공할 가치	귀사가 제공하는 솔루션	차이와 대처 방안
구매 전	입구 분위기			
	제품·서비스 가치			
	브랜드 인지도			
	교통 편리성			
구매 시	가격			
	주문 시간			
	종업원 설명			
	메뉴 소개			
	친절성			
	제품 종류			
사용 시	맛의 느낌			
	분위기			
	의자 편안함			
	친절성			
	제품 특징			
	기타			

[표 3-7] 가치 점검표 ② 소비재가 제공하는 가치

구분	주요 내용	제공할 가치	귀사가 제공하는 솔루션	차이와 대처 방안
구매 전	브랜드			
	점포 이미지			
	제품 특징			
	제품 종류			
	접근 편리성			
구매 시	가격			
	구매 연관성			
	제공 가치			
	제품 설명			
	고객 대우			
	점포 분위기			
사용 시	사용 느낌			
	가치 적합성			
	고장률			
	수리비용			
	A/S 만족도			
	폐기 용이성			
	폐기 비용			
	만족도 점검			
	기타			

[표 3-8] 가치 점검표 ③ 산업재가 제공하는 가치

구분	주요 내용	제공할 가치	귀사가 제공하는 솔루션	차이와 대처 방안
구매 전	가격			
	배송			
	처리 기간			
	제안 내용			
	관련 서류			
	자금 지원 조건			
구매 시	생산성			
	고장률			
	부품 조달 용이성			
	부품 비용			
	교육 훈련비			
	업무 처리 단계			
	폐기 용이성			
	폐기 비용			
	감가상각비			
	보험료			
	만족도 점검			

가치의 활용

고객 가치 증대의 기본 방향

가치 증대를 위한 변수는 다양하겠지만, 몇 가지 요소로 축약할 수 있다. 첫째, 품질을 높인다. 고객이 구매하는 제품의 품질 수준을 높이는 것이다. 기본적이면서 중요한 요소다. 둘째, 서비스를 높인다. 쾌적한 환경, 직원의 친절, 신뢰 및 약속 등 가치 증대에 있어서 간과하기 쉬운 부분이다. 경쟁이 심할수록 서비스의 차별화에 중점을 두어야 한다. 셋째, 가격을 낮춘다. 프리미엄급 상품을 판매하는 기업은 대개 가격보다는 품질·서비스를 향상시킴으로써 가격을 높게 책정한다. 물론 가격 또한 가치 증대에서 중요한 요소이기 때문에 경쟁자 및 시장 상황을 고려해 가격 정책을 다소 유연성 있게 실행하는 것이 바람직하다. 상품 비용뿐 아니라 재고 비용, 물류 비용, 운영 비용을 낮추기 위해 노력해야 한다. 넷째, 시간을 줄인다. 고객의 대기 시간, 물리적 이동 거리, 불만 처리 시간, 주문 및 배송 기간 등 시간을 줄이려는 노력 또한 필요하다.

$$고객\ 가치 = \frac{(고객이\ 인지하는)\ 품질 \times 서비스}{(고객이\ 인지하는)\ 가격 \times 시간}$$

$$고객\ 가치 = \frac{실제\ 실현\ 가치}{사전\ 기대\ 가치}$$

자료: 제로에너지 블로그, 2014.6.1.

고객 가치의 실제적 개념

맨 먼저 소비재. 기본 가치는 유용성, 사용 가치성, 매력, 재미, 편리성, 편안함, 시간·비용 절약, 불편함 해소, 가성비, 불안감 감소 등을 들 수 있다. 이렇듯 제품의 기본 본질 이외의 다른 것을 제공하고 고객의 좋은 감성 증대를 위한 여건을 조성하면 업무 처리 시간과 비용을 절감할 수 있다. 이는 생산성 증대로 이어질 수밖에 없다.

다음 생산재와 중간재. 업무 단계를 축소하고, 구매비를 절감하며 고장률 감소를 지향한다. 애프터서비스가 신속하고 정확해야 하며 사용 연수를 증대시켜야 한다. 자금 부족을 해결하기 위한 지원을 해주는 등 고객의 만족도를 높인다.

마지막으로 제품 종류별 필요 가치. 성과 증대를 얻는 제품은 사전 평가 시스템을 도입해 제품 사용 후 성과를 미리 확인할 수 있게 한다. 물론 성과 결과에 따라서 수익을 분배한다. 제품 금액이 높은 제품은 리스 또는 렌털을 이용하게 한다. 사용 기간 및 횟수 등의 과금 방법을 알아봐 주고 구매비용에 관한 대출을 알선한다. 사용 결과에 대한 수익 분배, 생산성의 효과와 차이를 분석한 자료도 제공한다. 당연히 고객의 총경제성TCC의 예상 결과도 제시한다. 관리가 필요한 제품은 렌털 등으로 관리 서비스까지 추가한다. 전문 직원을 파견하거나 상주 근무를 한다. 전문 판매점을 개설해 총체적 관리를 하면서 신속 또는 책임 서비스 시스템을 가동한다. 규격 제품은 소포장, 소규격 형태로 판매한다. 고객이 원하는 규격을 제공하는 맞춤 서비스를 진행하는 것이다. 구매 장소도 확대하는 것을 추천한다.

가치 경영 = 고객 가치 + 기업 가치 + 종업원 가치

2000년대 중반까지는 기업이 주로 주주와 이윤 추구에 초점을 맞췄지만, 저성장 시기에 고객 가치 중심 경영은 기업 생존을 위한 필수 요소가 되고 있다.

고객 가치란 고객을 위해 기업이 제공할 수 있는 제품과 서비스를 말한다. 고객은 왜 우리 회사의 제품 또는 서비스를 선택할까? 고객에게 전달되는 가치가 클수록 고객이 지불하는 비용도 높아진다. "고객은 각자의 마음속에 저울을 가지고 있다"는 말이 있다. 한쪽 저울에는 자신이 지불할 '비용'을 놓고, 다른 한쪽에는 기업이 자신에게 줄 수 있는 '가치'를 놓는다는 것이다. 비용이 가치보다 무거우면 고객은 당연히 지갑을 열지 않는다. 기업은 최고의 가치를 제공하기 위해 상품 및 서비스의 차별화와 체험 마케팅에 주력하는 한편, 끊임없이 변하는 고객의 요구를 측정하고 대응 방안을 마련해야 한다. 두말할 나위 없이 고객은 가치 만족도가 높을수록 재구매하거나 다른 사람에게 그 제품을 추천하게 된다. 이는 충성 고객의 확보를 의미하며 단순한 매출 증진 이상의 지속적인 이익 창출에 기여하게 된다. 다시 말해 고객의 가치 실현은 바로 기업의 경쟁력 제고를 의미한다.

기업은 고객을 기다리기보다 능동적으로 선택하라

고객 가치 창조란 기업이 고객을 기다리기보다 능동적으로 고객 가치를 개발하는 것을 의미한다. 고객 잠재 니즈 발견, 고객 포트폴리오 구축, 불량 고객의 충성 고객 전환, 고객 생애 가치 분석 등 다

[표 3-9] 고객 만족 경영 vs 고객 가치 경영

고객 만족 경영	고객 가치 경영
고객 만족 증대 목표	고객 가치 혁신 목표
고객 만족도 평가	비용 대비 효과 평가
Value for Customers	Value for, of, by Customers
All Customers are Created equal	Not all Customers are Created equal
고객 가치의 수동적 소비자	고객 가치의 능동적 창조자
고객이 기업을 선택	기업도 고객을 선택
고객 접점 관리	고객 라이프 사이클 관리
구체적 실천 툴과의 연계 부족	다양한 마케팅 툴 연계
기존 고객 중심	기존 고객 + 신규 고객
가치의 제공	가치의 상호 교환

자료: Blog.daum.net/hikim/15711233

양한 마케팅 툴과의 연계를 통해 고객이 가진 원천적 가치를 극대화해야 한다. 단계별 고객에 대한 심층적인 이해와 지속적인 신뢰 관계 구축이 곧 기업의 성공으로 이어질 수 있다. 자동차의 경우 정비 업체를 직접 방문하기 어려운 고객을 위해 고객이 원하는 시간과 장소에 담당 직원이 차량을 인수하고 수리 후 다시 고객이 원하는 장소에서 차량을 넘겨주는 것이다. 정수기는 직접 방문해 수리, 교환, 점검을 해주는 서비스를 한다. 타이어 고객이 해당 타이어점에 가면 차량의 여러 상황을 점검해주고 관리해주는 서비스 등이 이에 해당한다.

고객의 자발적 참여를 통한 가치 창출

최근 프로슈머, 파워블로거 등 자발적 참여 고객을 통해 생산되는 수많은 정보가 실제 제품 구매와 기업 인지도 향상으로 이어지고 있다. 따라서 기업은 고객 참여 프로그램을 개발하고, 그 속에서 아이디어를 얻어 제품과 서비스에 반영할 수 있도록 노력해야 한다. 프로슈머Prosumer란 'Producer'와 'Customer'의 합성어로, 생산에 참여하는 소비자를 의미한다. 프로슈머는 소비뿐 아니라 제품 생산 및 판매에도 관여해 소비자의 권리를 행사한다. 시장에 나온 제품을 사는 수동적인 소비자가 아닌 자신이 원하는 물건을 기업에 요구하는 능동적 소비자에 가깝다.

기업 가치, 고객 가치를 기업 입장에서 정의한 것

과거에는 기업이 보유하고 있는 공장·토지·건물 등의 유형 자산이 기업 가치 창조의 원동력이었다. 그러나 이제는 브랜드·이미지·평판 등의 무형 자산이 기업 가치 창조의 기본이 되었다. 핵심은 이것이 고객 자본이라는 것이다.

고객 자본은 경쟁력 우위를 확보하기 위한 핵심 요소이며, 고객과의 밀접한 관계, 조직 체계 및 프로세스, 조직 내에 축적된 지식이 기업 가치 창출의 근원이라 할 수 있다. 여기서 또 한 가지 종업원 자본이 중요하다. 고객 자본과 종업원 자본은 기본 자본이자 프

[그림 3-7] 고객 가치 경영 발전 단계

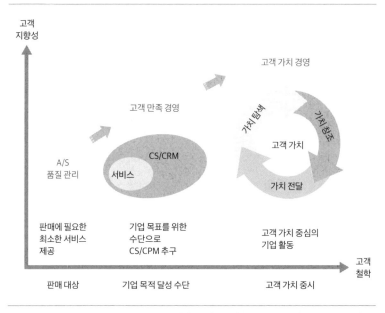

자료: 블로그 고객만족마케팅 고객가치경영 발전단계 AS-CS-고객가치경영

리미엄 자본이다. 물질적 가치에 대비되는 프리미엄 자본은 무에서 유를 창출하는 기업의 진정한 자본인 셈이다.

따라서 기업 가치를 창출하려면 종업원도 기업의 고객이라는 시각에서 접근해야 한다. 외부 고객인 소비자와 비교해 종업원은 내부 고객이다. 이들의 만족도가 높아져야 진정한 소비자의 만족도가 높아질 수 있다. 고객 가치 창조를 위해 반드시 요구되는 조건 중하나는 종업원의 자발적인 공헌 의지다. 능력 있는 종업원이 창의적 발상과 헌신적인 노력으로 자신의 맡은 바 소임을 다하지 않고

서는 고객에게 높은 가치를 제공하는 제품이나 서비스를 제공한다는 것은 불가능하다.

종업원 가치

세계적인 석학 톰 피터스와 로버트 워터먼은 공저『초우량 기업의 조건』(더난출판사)에서 초우량 기업의 종업원은 다른 기업에 비해 조직 목표 달성을 향한 동기 부여 수준이 상당히 높으며, 보다 고객에게 밀착하고 있다고 밝혔다. 그러면 왜 종업원은 자신을 희생하는가? 그것은 자신의 희생에 비해 높은 보상을 받기 때문이다. 이를 종업원 가치라고 한다. 종업원 가치란 종업원이 직장 생활을 통해 얻어지는 보람의 크기를 말한다. 이는 자신이 기업에 기여한 것에 비해 조직으로부터 받는 보상이 더 크다고 생각하기 때문에 발생하는 것이다.

가치 경영의 접근 방법

가치 경영은 어떤 방식으로 접근해야 하는가. 맨 먼저 디자인·크기·색상·기능·가격 등 소비자가 선호하는 요소를 파악한다. 그다음 디자인 + 색상, 디자인 + 기능, 디자인 + 크기, 색상 + 기능, 색상 + 가격, 크기 + 가격 등에 소비자가 얼마를 쓰고 싶은지(가치관) 알아야 한다. 소비자가 브랜드, 효용 가치(편리성·생산성·자기만족), 기능 + 디자인 등 무엇을 선택할 것인지 구매 우선순위를 파악한다. 그렇다면 소비자(사용자)가 실제로 필요한 것은 무엇인가? 사용하면서 느꼈던 불편한 부분을, 채워지지 않는 미충족 욕구를 개선해야 하는가?

경쟁력 있는 가치 창출

기업은 이미 하나 이상의 사업을 수행하고 있다. 기업은 현재의 고객에게 가치를 전달하면서 미래를 위해 기존 가치에 대한 혁신을 병행해야 한다. 기업의 지속적인 성장과 수익 확보를 위해서는 혁신을 통해 독특한 고객 가치를 개발해 경쟁우위를 점할 수 있어야 한다. 그러므로 늘 고객 가치를 평가하고, 고객 가치에 대한 경쟁력을 점검하면서 다른 방식으로 새로운 가치를 제공할 수 있도록 혁신해야 한다. 이러한 혁신이 역동적이고 순환적으로 반복되는 기업의 미래는 100년, 아니 그 이상의 역사를 맞이할 수 있을 것이다.

고객 가치의 개념은 경쟁적 전략으로 재정의될 수 있다. 고객 중심의 회사에서 전략이란 상품이나 역량이 아닌 고객 가치의 운영 요소에 기초한다. 성공한 회사들은 고객 가치와 그 운영 요소를 측정하고 모니터링한다. 전략 수행의 단계는 다음과 같다.

1단계에서 고객 가치를 측정한다. 2단계는 고객의 관점에서 핵심 경쟁사를 정립한다. 3단계는 구매·브랜드·유지 가치의 잠재적 운영 요소를 정리한다. 4단계는 데이터를 분석한다. 이 단계에서 핵심 가치와 각 가치의 운영 요소를 결정한다. 5단계는 경쟁사를 벤치마킹한다. 6단계는 개선이 필요한 핵심 영역을 결정한다. 7단계는 최대 투자 이익을 고려해 개선할 영역에 투자한다.

고객 가치는 구매 가치(기업의 상품이나 서비스에 대한 고객의 객관적 평가), 브랜드 가치(회사와 그 상품이나 서비스에 대한 고객의 주관적 관점), 고객 유지 가치(고객과 회사 간의 관계 강도에 대한 고객의 시각)에 기초한다. 이 핵심 운영 요소의 실행으로 고객 가치가 성장하게 된다.

고객 가치 개념이 효과적인 이유는 다음과 같다. 고객 가치 개념이 고객에게 중요한 것이 무엇인가에 대한 전략과 전술에 기초하기 때문이다. 고객 가치의 개념은 효과적인 고객 세분화에서 빛을 발한다. 고객 가치 개념은 역동적이다. 고객 가치 개념의 잠재력은 가장 영향력을 발휘하는 곳에 자원을 배분하는 능력에 있다. 고객 가치 개념은 서로 다른 산업 분야에서 하나의 회사를 독립시키는 핵심 자산, 즉 그 회사의 고객에 기초해 기업 비즈니스를 이해하는 접근법을 제공한다.

구매 가치 = 기업 + 고객 관계의 기초

구매 가치는 기업과 고객 관계의 기초다. 기업의 상품과 서비스는 고객의 니즈와 기대를 충족시켜야 한다. 만일 고객이 구매에 대한

가치 소비란 가격과 효용성을 충분히 고려해 합리적 소비를 하는 것이다.

가치를 얻지 못한다면 브랜드 전략과 고객 유지 전략은 효과를 발휘하지 못한다. 구매 가치가 중요한 시장은 경쟁 상품 간에 차별화가 되는 시장, 복잡한 의사 결정 과정을 가진 시장, B2B 시장, 혁신 제품과 서비스 시장, 제품 라이프 사이클의 성숙 단계에서 제품의 재활용이 기대되는 시장이다. 구매 가치를 구성하는 운영 요소에는 품질·가격·편의성이 있으며, 구매 가치의 향상을 위해 기업은 고객이 원하는 것을 더 제공하거나 고객이 포기해야 할 것과 고객의 노력을 줄여줘야 한다.

소비자의 심리에 따라 달라지는 가치 소비

가치 소비는 시대별, 연령대별, 소득층별로 그 의미가 조금씩 다르다. 게다가 명품·소비재·공산품 등 제품군별로 가치 소비 의미가 달라진다. 고소득층은 가격보다 효용성에 더 가치를 두지만, 중산층은 가격에 더 초점을 두는 경향이 있다. 가치 소비에서 변수는 소비자의 심리다. 소비자 개개인이 높은 가격과 낮은 효용성에도 불구하고 스스로 만족을 하는 경우가 있는데, 주로 고가의 명품 소비가 이 경우에 속한다.

온라인의 발달로 확대된 가치 소비

최근에는 온라인 쇼핑의 확대로 가치 소비자가 상품 구매 전에 충분히 고려할 수 있는 선택권이 다양해졌다. 국내 시장에 머물지 않고 아마존이나 이베이 등을 통해 다양한 가치 소비 제품을 구매하고 있다. 최근에는 한 국내 소셜 커머스 업체에서 수입 자동차 판매까지 처음 시도하는 등 상품이 다양화됐다. 다양한 제품을 소비자가 온라인에서 직접 비교하고 구매하는 시대가 도래한 것이다. 가치 소비의 영토를 전 세계로 확대시킨 셈이다.

스마트폰과 인터넷의 발달로 매장에 가지 않아도 검색과 가격 비교 등을 통해 제품을 구매해 집에서 배달을 받는 소비 역시 급증했다. 덕분에 기존 유통가의 터줏대감이던 콧대 높은 백화점들이 출장 세일에 나서는 등 생존을 위해 발 벗고 나섰다.

또 온라인 쇼핑에 익숙해진 소비자를 매장으로 이끌어내기 위해 대형 쇼핑몰과 아웃렛 등이 늘고 있다. 롯데월드몰, 신세계 스타필드 등이 대표적이다. 초대형 쇼핑몰을 찾은 소비자는 단순 소비에 그치지 않고 매장 내 문화 시설과 외식 코너 등을 함께 즐기면서 가치 소비를 했다고 느끼게 된다.

가치 소비에 중점을 두고 벌이는 마케팅

생산 업체들이 가치 소비 확대를 위해 생산과 유통을 합쳐 대성공을 하기도 했다. 국내 패션 시장을 뒤흔든 유니클로와 H&M 등이 그 예다. 이들 업체는 생산과 유통의 절차를 합친 가성비가 높은 의류로 가치 소비자를 사로잡았다. 이 SPA 업체들은 의류 기획·디자인, 생산·제조, 유통·판매까지 전 과정을 제조회사가 맡는 의류 전문점을 말한다. 백화점 등의 고비용 유통을 피해 대형 직영 매장을 운영, 비용을 절감시킴으로써 싼값에 제품을 공급한다. 동시에 소비자의 요구를 정확하고 빠르게 상품에 반영하는 것이 특징이다.

제조·유통 업체들은 가치 소비자를 붙잡기 위해 빅데이터까지 동원하고 있다. 매장을 찾은 고객의 구매 성향을 데이터화해서 제품을 개발하고 유통 전략을 세우고 있다. 주부에게 가장 친숙하고 오래된 가치 소비 채널은 홈쇼핑이다. 안방에서 TV 채널을 통해 필요한 물건을 값싸고 간편하게 구매하는 장점이 있다. 다만 홈쇼핑 업체들의 소비 촉진 전략에 수긍해 충동적으로 구매하는 경우도 적지 않다. 현명한 가치 소비를 위해선 정말 필요한 상품인지 꼼꼼하게 살펴보고 지갑을 여는 지혜가 필요하다.

고객의 총경제성을 고려하라

고객의 총경제성 TCC는 제품과 서비스 구매 금액, 제품과 서비스 사용, 저장 및 폐기 비용, 구매 거래와 사용 패턴에 따른 소요 시

[표 3-10] 제조업의 서비스화 촉진 환경

현재 환경	향후 환경
대량 생산, 규모의 경제	맞춤형 생산, 롱테일 경제
소유 중심	사용 중심
유형 자산이 주도하는 산업화	무형 자산이 주도하는 탈산업화
첨단 기술의 가치 제고	감성, 사용자 경험, 지식, 문화 등의 가치 제고
디지털 및 첨단 기능 중시	스마트 및 융합 기능 중시
생산 기술, 디지털 기술	IoT, 빅데이터 등 ICT 기술
개발 및 생산 중심의 순차적 가치사슬 → 단순한 비즈니스 모델	가치사슬 단계의 파괴 → 비즈니스 모델의 다양화

자료: 박경종·윤재홍·장병열의 『서비스 경영』(2014)을 참고해 산업연구원(KIET) 보완 작성.

간, 전체 사용하면서 발생하는 불평은 고객이 제품, 서비스 구매와 사용에 지불하는 금액, 시간, 불평, 미충족 욕구에 비례한다.

대부분의 고객은 자신이 지정한 전체 경제성을 모르기 때문에 공급업자에게는 상당한 기회인 것이다. 거기에 이익을 얻을 수 있는 엄청난 기회가 있다. 사업 설계 시 고객이 존재하는 공간을 넓게 가지는 것이 중요하다. 그래야 고객 선정 시 새로운 가능성과 수익성을 꾀할 수 있다. 고객 선택은 재발견자들이 가장 탁월한 사업 설계 성과를 거둘 수 있었던 핵심 요소다.

우리가 찾는 것은 미래를 정의하는 고객이다. 그들의 이슈, 관행, 솔루션이 미래 시장 행태의 중심에 놓일 것이다. 예상되는 서비스를 확인한다. 즉시 수리, 교환, 애프터서비스, 사용량에 따른 과금, 사용 기간에 따른 과금, 사용 방법 제공, 관리, 유지 서비스(서비스 범위 확대), 체험 후 구매, 재활용 대행, 중고 판매 대행, 폐기 처리 대행, 사전 진단 서비스, 금융 서비스, 맞춤 서비스, 설계 또는 디자인 서비스, 전문가 파견 등을 확인하는 것이다.

제조 서비스화 개발 예시: 정수기

제조 서비스화는 두 가지 방법으로 접근할 수 있다. 현재 시장 경쟁 상황을 파악해 경쟁우위를 점하는 방법과 제품의 새로운 수요 창출을 위해 도입하는 방법으로 검토할 수 있다. 이는 신시장을 개척하는 의미도 포함한다. 소비자의 생활 습관, 구매와 소비 활동의 라이프 스타일, 사용자 불편 사항의 개선 또는 미충족 욕구의 충족 등에서 주로 나타난다.

제품 서비스화 도입 전 일반적인 시장 상황은 판매 가격에 팔고 수익을 얻는 지금까지 해왔던 모델이었다. 품질 보장 기간이 지나면 애프터서비스 및 필터 비용도 받고 경쟁 및 시장 관리를 하는 일반적인 경영 형태다. 이런 방법은 제품의 경쟁 증대 및 소비자의 욕구 변화에 대응이 늦어 수익성이 감소 및 제품 판매 저하 등의 현상을 나타내고 있다.

[그림 3-8] 정수기 가치 레이더

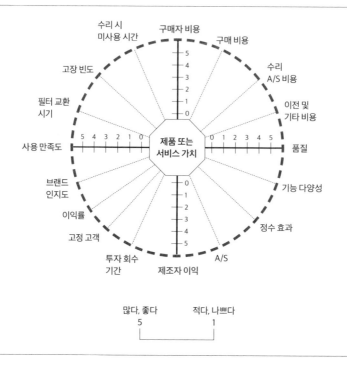

많다, 좋다	적다, 나쁘다
5	1

첫째, 자사 제품(서비스)의 제공 가치를 정확히 분석해 가장 중요한 부분을 선정해 가치 모형을 만든다. 시장 경쟁 및 고객 욕구에 적합하게 제공할 수 있는 가치군(예: 품질, 구매 비용, 만족도, 제조회사의 이익 등)을 정하고 이에 따른 세부 제공 가치를 선정해 실제 시장에서 경쟁 상황을 표시한 다음 강약점을 확인, 시장우위 방향을 정해 실행하는 것이다. 서비스화 도입 전 문제는 서비스화 방법과 시행 시 필요한 자금 확보와 수익성에 대한 검토가 필요하다. 회사의 상

황에 따라 도입 실행이 필요하나 도입 후 구매자 혜택 증대 및 만족도가 증가해 경쟁우위 및 장기적인 수익 기반을 갖출 수 있는 여건을 구축할 수 있는 것이다.

둘째, 해당 업에 적합한 방법과 전략을 선택한다. 이때 회사 내 제반 자원인 인력·자금 등에 대한 검토는 필수다. [그림 3-8]을 참고해 여러분의 현 여건 또는 보다 발전된 여건을 확인하고 할 수 있는 사항을 열거해 달성 방법을 연구, 실제 활용 내용을 정리한 다음 실행 전략을 수립한다.

[그림 3-8]에서 고장 수리, 필터 교환, 이전, 폐품 처리 등은 정수기 회사 관계자가 방문해 처리하는 경우가 많은데 이는 별도 비용과 시간이 필요하며 점점 증가할 수 있다. 따라서 직원이 필요시마다 방문하면 비용 및 시간 소모가 많을 수 있어 충분한 검토가 필요하다. 정수기 구매 비용의 절감은 이 중 단지 사용료 징수로 결정해 소비자의 부담을 제대로 절감해준다는 인상을 심어줘 매우 적은 비용으로 고급 정수기를 사용한다는 자부심을 갖게 한 것이다.

셋째, 렌털 조건(금액, 기간 등)을 결정하고 제반 운영 시스템을 준비한 후 실행한다. 제반 운영 시스템이란 판매 조직, 방문 담당자의 업무와 자격 요건, 렌털 대금 징수 방법, 생산 및 공급 시스템, 고객 상담 사용자의 제품 관리 방법 등을 말한다.

구매해서 사용하는 기존 사용 방식을 렌털을 통해 사용하는 방식으로 판매자 및 사용자가 가지고 있던 방식에 획기적인 생각의 전환을 갖게 한 것이다. 이런 사업 방법은 정수기뿐 아니라 비행기 엔진, 공구류, 복사기, 밥솥, 침대 등 다양한 제품으로 확산되고 있다. 서비스화 종류도 다양하게 활용될 수 있는 기회를 가지게 될 것이다. 즉 여러분 회사의 제품에도 적용 가능한 사업 방법이 될 수 있다. 이런 방법을 '제품의 서비스화'라 한다. 제품 판매 방법에 렌털과 애프터서비스, 관리 등의 서비스 내용을 포함해 새로운 고객 서비스 방법 또는 종합 서비스 시스템 창출이 새로운 비즈니스 모델이 될 것이고 시장에서 확보한 점유율을 갖추게 된 것이다.

정수기 제품의 서비스화(렌털) 도입 결과 서비스화 시 기본적인 검토 축은 구매 및 관리비용, 제품 품질, 제조 기업의 수익, 소비자 만족도로 나눈다면 제품 품질은 변함이 없으며 소비자 구매 및 관리비용은 감소하고 제조 기업의 수익은 일시적으로 감소하며 소비자 만족도는 증가하는 결과를 나타내 시장에서 인지도와 선호도는 증가한다. 예시한 정수기 서비스화 방법을 여러분의 사업에 적용할 수 있을 것이다. 이 책에서 제시한 다양한 방법을 활용해 시장 점유를 높일 수 있는 방법 또한 찾을 수 있을 것이다.

다시 한번 언급하자면 정수기 제조회사의 경우 정수기를 구매, 사용하는 소비자가 실제 사용하면서도 미흡하다고 생각하는 내용

(가격 대비 성능은 적정한가, 아니면 비싼 것이 아닌가) 또는 불안한 사항(언제 필터를 교환해야 하는가), 불편 사항(애프터서비스를 받을 때 며칠 사용하지 못한다면? 애프터서비스를 즉시 받을 수 없다면? 수리비용이 생각보다 높다면? 이사 시 제때 이전 설치를 할 수 있는가) 등을 정리해 소비자가 자사 제품을 더 많이 사용할 수 있는 환경을 제공해야 한다.

PRODUCTION

4장

제조와 서비스의
혁명적 만남

SERVITIZATION STRATEGY

서비스화 개발
사례 분석

비행기 엔진의 서비스화: 롤스로이스

서비스화의 기본 목적은 고객이 얻을 수 있는 혜택을 제공해 제품이나 서비스의 매출을 증대시키는 것이다. 어떤 방법이든 고객의 만족도를 높여야 하며 이를 위해 제공되는 서비스는 다양해야 한다. 만약 서비스화를 통해 매출 및 이익 증대에 공헌하지 못한다면 이는 서비스화를 이룬 것이 아니다.

조준일의 「솔루션 비즈니스 이렇게 준비하라」(《주간경제》, LG경제연구원, 2006.9.27)를 바탕으로 롤스로이스의 항공기 엔진 임대 사업을 검토해보자.

사업 특성 검토

항공기 사업은 비행기를 제작해 항공 운행을 통해 수익을 얻는 사업이다. 비싼 항공기를 구매해 가능한 많이 운행해 매출을 높이는 것이다. 만약 비행기가 고장이 잦든가, 고장 후 수리 기간이 오래 걸리든가 하면 그만큼 운행이 안 되니 투자 대비 수익성이 낮아지게 된다. 따라서 비행기 주문 시 엔진은 구매자가 선정하게 돼 있다. 선정한 엔진을 가지고 비행기를 제작해 납품하는 것이다. 좋은 엔진보다 운행에 도움이 되는 엔진, 비싼 엔진보다 고장이 적고 오래 사용할 수 있는 엔진이 항공기 경영자에게는 매우 필요한 것이다.

경쟁 환경

항공 엔진은 가격이 몇백억 원이므로 생산자의 이익도 많겠지만 수명이 길어서 신규 제작을 많이 하지는 않았다. 그러니 경쟁도 있고 구매자의 선택이 바뀔 수 있으므로 항공엔진 생산자는 판매를 증대시켜야 하는 어려움에 봉착하기도 한다. 그러나 엔진 회사들의 생산·판매 방식은 변함이 없다. 이런 상황 아래 롤스로이스 엔진팀은 판매 증대를 위한 다양한 아이디어 회의를 하게 되었다.

고객 욕구

많은 비용을 지불하고 구매한 비행기의 수익성을 증대시키려면

[그림 4-1] 롤스로이스의 항공기 엔진 서비스화

항공기 엔진 부품 판매 비즈니스
항공기 엔진과 관련 부품의 판매를 통한 수익

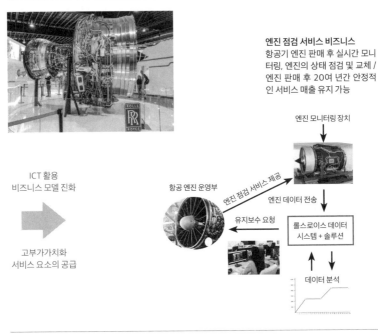

엔진 점검 서비스 비즈니스
항공기 엔진 판매 후 실시간 모니터링, 엔진의 상태 점검 및 교체 /
엔진 판매 후 20여 년간 안정적인 서비스 매출 유지 가능

엔진 모니터링 장치

ICT 활용
비즈니스 모델 진화

항공 엔진 운영부

엔진 점검 서비스 제공

엔진 데이터 전송

유지보수 요청

롤스로이스 데이터
시스템 + 솔루션

고부가가치화
서비스 요소의 공급

데이터 분석

자료: docsplayer.org

기능이 우수한 엔진을 확보해 항공기의 사용을 극대화하는 것이 기본 방향이다. 그러나 고장, 애프터서비스, 기타 이유 등으로 활용성이 떨어져 예상된 수익을 발생시키기에 어려움이 있어 이에 대한 해결 방안에 많은 시간을 할애하고 있다. 그렇다면 항공사에 필요한 것은 무엇인가? 엔진 구매 외에는 특별한 방법이 없다. 그런데 항공사 입장에서는 출력 좋고 견고한 엔진을 확보하기보다 효율적

인 엔진 사용을 통한 전체적인 생산성 증대에 있다. 엔진 보유보다는 효율적인 사용이 더 큰 목적이라는 얘기다. 엔진의 효율 증대를 위해 비행기 사용에 대한 전반적인 검토, 분석을 해보았다.

전략 방향 수립

엔진 효율을 증대하기 위한 새로운 방법은 무엇일까? 비행기 엔진 제조회사의 역할을 검토해보자. 먼저 좋은 엔진을 제조하는 제조 역할 외에 자금 알선자, 생산성 제고자, 비용 절감 관리자, 효율 관리자의 역할이 필요하다. 자금 알선자는 엔진 비용의 부담을 불릴 수 있는 자금을 소개한다. 생산성 제고자는 비행기의 비행 시간을 관리해 불필요한 낭비를 제거한다. 비용 절감 관리자는 고장 또는 점검 등의 문제가 발생하면 서비스센터로 엔진을 가져가는 것이 아니라 현장에서 직접 수리해 수리 시간과 비용을 절감한다. 효율 관리자란 엔진의 모든 사항을 제조회사가 관리하는 것을 말한다. 이 같은 서비스를 제공할 수 있다면 항공사는 매우 효율적인 운영 및 목표 매출액을 달성할 수 있을 것이다.

서비스화 아이디어 및 아이디어 실행 가능성

롤스로이스는 상호 이익이 될 수 있는 다양한 사업 방법을 검토했다. 만약 1일 10시간 운행을 가정하고 5년 동안 운행 시 항공사의 성과는 어떻게 나타나는지 계산해보았다.

15시간×365일×5년 = 2만 7,375시간

엔진 가격: 약 300억 원(2,500만 달러 × 약 1,200원) / 27.375시간

= 109만 5,890원(시간당)

여기에 정비, 고장 수리 등을 감안하면 실제 사용 시간은 더 감소해 엔진의 성과는 낮아질 것이다. 따라서 롤스로이스는 사업 방법 전환을 검토하게 되었다. 엔진을 판매가 아닌 사용하는 만큼 사용료를 받는다면 우리 회사가 검토할 사항과 손익 상태는 어떻게 될까?

사용 극대화를 위해 고장 수리 기간 단축, 사전 점검 강화, 사용시간 대비 사용료의 적정성 등을 확인한 후 항공기 정비사와 관리를 위한 담당자를 각 항공사에 파견하고 예상되는 수익과 비용을 검토해 엔진 임대라는 새로운 사업 방법을 창출해 시장 경쟁력과 수익성을 높이게 된 것이다. 물론 엔진 제작비를 회사가 부담하고 이를 나누어 징수하는 경우가 되니 자금 압박 요인이 될 수 있어 자금 운용을 더욱 철저히 해 어려움을 극복했다.

도입 방법 및 소요 예산

서비스화를 위한 여러 방법을 검토해 이에 대한 필요 예산을 검

토하는 데 렌털을 한다면 이에 대한 검토를 정확히 해야 한다. '엔진 판매가 - 엔진 제작비 = 이익'의 상태에서 엔진 제작 비용을 사전 부담하고 이 비용을 나누어 수익을 취하는 방법인데 비용의 활용 규모와 기간을 당연히 고려해야 한다. 나아가 관리 및 애프터서비스 담당자의 파견 비용, 서비스 제공을 위한 사전 준비 및 비용 등도 부담을 해야 하므로 서비스 도입 시 충분히 검토해야 한다. 중소기업에서 도입한다면 충분한 현금 흐름 분석이 필요하다. 즉 실제 생산에 투입되는 재료비, 생산비 등 직접 원가에 대한 부담 극복 방법에 대한 검토가 매우 중요하다.

시제품 개발 및 운영 방법

시제품은 필요하지만 렌털의 경우 제조 원가 부담을 가능한 줄여야 하기 때문에 투자 비용 규모 중심의 시제품을 개발해야 한다. 이때 원가 절감을 위해 제품 성능의 저하는 없어야 한다. 렌털의 경우 제품 및 기능이 다양하고 금액이 높은 제품으로 전환할 수도 있다. 정수 기능만 있는 제품을 사용하다 냉수와 온수 기능을 갖춘 정수기로 교환한다면 어떻게 해야 하나? 정수 기능만 있는 제품의 계약 기간이 만료된 후에 가능하다면(아니면 중도 해약금을 징수한다면) 고객은 불편할 것이다. 제조회사 입장에서 기존 사용 제품은 폐기해야 하므로 해약 위약금을 징수한다면 이는 고객 중심의 서비스화가 아니다. 이에 대한 충분한 검토가 사전에 필요하다. 렌털 방법만 도입한 것이지 고객 관리 및 유지 시스템을 갖춘 것이 아니기 때문이다. 따라서 제조 서비스화 도입 시 방법 도입이 아닌 총괄적인 서비스화 시스템을 검토해야 실제 경쟁력을 갖출 수 있다.

비즈니스 모델과 마케팅 전략

기존 생산, 마케팅, 애프터서비스, 관리 조직을 신규 서비스화 조직으로 개편한다. 비행기 엔진 사업자는 이제 자금 알선자, 생산성 제고자, 비용 절감 관리자, 나아가 효율 관리자 등의 역할을 하고 있다.

컨틴전시 플랜

컨틴전시 플랜Contingency plan은 시장 상황이 변했거나 경쟁이 유발될 때 실행하는 예상 전략을 구비하는 단계다. 매출 감소, 가격 경쟁, 제품 특징 변화, 고객의 불만 사항 발생, 시장 트렌드 등의 변화에 대해 회사가 대응해야 할 전략을 수립해놓는 것이다. 특히 고객 불만 사항을 주시해 이에 즉각 대응 방법의 준비가 필요하다.

제품 서비스화 이후 성과

롤스로이스는 [그림 4-2]에서 보는 것과 같이 제품 서비스화를 통해 고객의 엔진을 매 시간 점검해주고 시간당 서비스료를 받는

[그림 4-2] 롤스로이스의 제품 서비스화

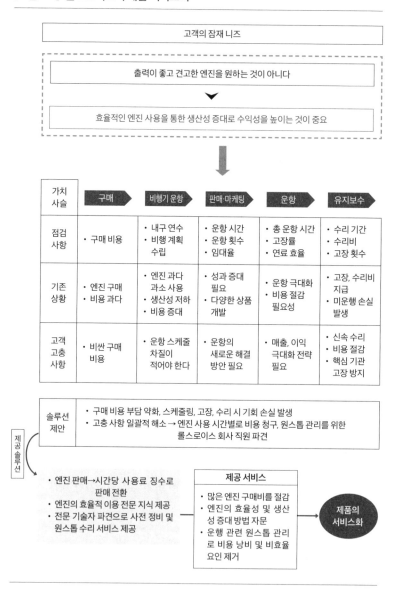

[그림 4-3] 롤스로이스의 토털 케어 솔루션

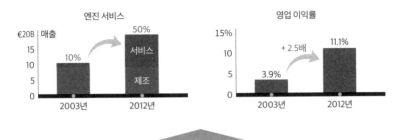

고부가 서비스 회사로의 변신

엔진 서비스

€20B | 매출
- 15
- 10
- 5
- 0

10%

50%
서비스
제조

2003년 — 2012년

영업 이익률

- 15%
- 10
- 5
- 0

3.9%

+ 2.5배

11.1%

2003년 — 2012년

롤스로이스

실시간 압력, 온도, 진동, 속도 정보 전송

전 세계 4,000대 항공기, 1만 4,000개 엔진의 실시간 상태 및
고장 가능성 선험적 분석

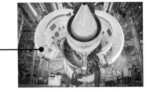

- 전 세계 400명 엔지니어의 선제적 서비스 출동
- 엔진 내 서식하며 실시간 수리하는 로봇 '스네이크 웜'
  을 2019년에 개발, 도입

자료: docsplayer.org

비즈니스 모델로 확장해 큰 성과를 거두었다. 전 세계 3,500여 개 엔진의 상태를 실시간으로 모니터링하는 방식이다. 이를 통해 항공사는 엔진 교체나 보수 스케줄을 효율적으로 관리할 수 있게 되고, 롤스로이스는 엔진의 수명이 다할 때까지 안정적인 매출을 보장받을 수 있는 일석이조의 효과를 얻을 수 있게 되었다.

롤스로이스의 서비스 매출은 전체 매출의 52%를 차지하고 있으며, 그 비중은 매년 증가하고 있다. [그림 4-3]에서 보는 바와 같이 롤스로이스는 항공기 엔진과 관련 부품의 판매를 통해 얻는 수익에서 더 나아가 ICT를 활용해 효율성을 높이고 있다.

사무기기의 서비스화: 캐논·제록스·신도리코

예전에는 사무기기 회사의 영업사원은 제품을 판매하고, 애프터서비스와 관련 소모품을 파는 것이 일반 업무였다. 그러나 이는 경쟁사 간에 가격 경쟁만 초래했다. 제품의 질과 가격, 서비스가 거의 비슷해 경쟁만 치열해진 것이다. 그 결과 가격이 저렴한 것이 구매 동기가 되었다. 가격 경쟁은 회사들에게 수익성만 감소시키지 별 이득이 되지 않는다. 따라서 제품 가격의 기본료만 받고 제품을 렌털식으로 설치하고 애프터서비스를 포함한 사용료와 소모품비를 받는 형식의 영업 방법을 제공해 경쟁력을 높이기도 했다. 이런 방법은 자기 회사 제품을 팔고 이를 통한 이익을 취하는 방식으로 영업 활동이 그렇게 어려운 것은 아니었다. 제조업체 중심의 일반적인 영업 방식이다.

그러나 사용 회사들은 처음 구매 고정비는 감소했으나 사무 소모품비가 감소하는 것이 아니었다. 고객 회사들은 업무 생산성 증대 및 사무기기 고장으로 발생하는 업무 지연 또는 기회 손실은 달라진 것도 없었다. 그렇다 보니 사무기기 사용이 자제되어 사무기기 회사들의 매출이 정체되고 말았다. 즉 기존 방식의 영업 전략에 한계가 온 것이다. 그렇다고 그냥 있을 수는 없지 않은가.

그래서 사용 회사들의 문제점과 필요 사항을 청취하기 시작했다. 회사들의 사무기기 사용비용을 줄여주고, 고장·소모품 부족 등으로 업무 수행에 지장을 받지 않도록 하는 것이 중요해졌다. 사용 회사들은 비용은 지출되지만 업무가 개선되지 않아 영업 방법을 달리 생각해야 하는 전환점을 맞게 되었다.

고장이나 소모품의 부족으로 인한 업무 수행에 지장이 없도록 하려면 어떻게 해야 하는가? 큰 거래처에는 애프터서비스 요원이 상주하는 것은 어떤가? 고장에 가장 신속히 대응할 수 있도록 말이다.

소모품 부족 시에는 어떻게 하는가? 상주 직원이 있다면 수시로 대처하면 되지만 그 외 회사들의 애프터서비스와 소모품 부족 현상은 어떻게 대응해야 할까? 이를 해결하기 위해 사무기기 회사들

[표 4-1] 사무기기 사용자의 욕구 변화와 제공 가치

구분	초기	과거	현재
고객 욕구	사무기기 필요	구매 가격 비쌈	업무 생산성 저하
제공 가치	양질의 사무기기 제공	분할 판매 또는 렌털	즉시 제공 A/S 체계 구축
기업 역할	품질 우선 제품 개발	고장이 적은 제품 개발 다양한 기능 제품 개발	속도 향상, 고장이 적은 제품 개발, 즉각적인 A/S 체계 구축

이 원격 진단 서비스인 e-메인터넌스e-maintenance를 도입했다. 이 서비스는 인터넷으로 연결된 복합기 및 프린터를 본사의 서버에서 관리해 신속하고 정확한 애프터서비스를 제공한다. 프린터나 복합기를 사용하는데 문제가 발생하면 실시간으로 서버에 자동 통보된다. 그러면 서비스센터를 통해 전담 서비스 사원 휴대폰이나 PDA로 메시지를 전달, 문제를 해결하는 서비스다. 획기적인 고객 서비스가 도입된 것이다. 즉 제품 제공이라는 단순 판매를 벗어나 고객의 문제를 해결해주는 솔루션 비즈니스로 전환해 총체적인 고객 서비스를 통해 고객의 생산성, 비용 절감을 실제적으로 지원하는 셈이다.

물론 이 서비스는 제품 판매 가격 외에 별도의 금액을 받고 지원하는 서비스다. 고객은 이렇게 지불되는 금액이 업무 정체, 지연에서 발생하는 손해보다 더 적다. 이렇듯 사무기기 회사는 솔루션 비즈니스·컨설팅 전문 기업으로 변신해 사무기기에 관한 다양한 고

객의 문제를 해결해주는 종합 서비스를 제공하고 있다.

캐논코리아는 원격 진단 서비스를 도입하고 웹을 통해 기기의 문제 발생 내역, 소모품 교체 상황, 출력 매수 관리 등을 하고 있다. 문서 관련 아웃소싱 서비스FXGS를 위해 컨설팅 서비스 인력을 대폭 보강한 한국후지제록스와 사전 출동 서비스PASS: Prpactive Service System를 도입한 신도리코의 솔루션 비즈니스 구축 사례도 같은 맥락이다.

한국후지제록스는 완제품 판매보다 e-메인터넌스 매출에 더 기대하고 있다. 현재 e-메인터넌스 비즈니스가 프린터 시장 매출의 60%를 넘고 있다. 신도리코의 출력기 자산 관리 솔루션WSDM: Web Smart Device Monitor을 도입한 대림산업의 한 관계자는 "서울 본사와 전국에 흩어져 있는 566대의 사무기기를 네트워크로 연결했다"며 "휴일도 없이 급박하게 돌아가는 건설 현장에서 사무기기가 고장 나거나 소모품이 떨어져 기기가 멈추었을 때의 불편함이 모두 해결되어 생산성이 크게 향상됐다"고 말했다. 대림산업은 전사적인 사무 환경 컨설팅을 의뢰한 결과 2006년 8,400만 원의 비용 절감 효과를 얻었다. 프린터 시장이 솔루션 비즈니스로 진화하고 있는 것이다.

이때 영업사원의 역할은 어떻게 변해야 하는가? 분명 예전의 영업 방법으로는 안 된다. 사무기기 제조회사는 어떻게 바뀌어야 이같은 서비스를 할 수 있는가? 처음 제조해서 팔 때는 말 그대로 제조회사다. 그 후 렌털해서 팔 때는 렌털 회사다. 마지막은? 서비스 회사다. 일반적으로 추측을 해봐도 제조 회사, 렌털 회사, 서비스 회사가 되려면 회사의 경영 전략과 영업사원의 활동 내용이 바뀌어야 할 것이다. 나아가 사무기기가 비싸서 초기 구매가 어려운 회사라면 자금도 알선해준다. 이것도 영업사원의 업무다. 회사의 전략이 변하니 영업사원 업무의 진화는 당연한 것이다.

캐논코리아는 제품 소개에서 고객이 정말 필요로 하는 서비스를 제공하는 회사로 변신한 것이다. 그 결과 영업 방법도 변했다. 고객의 이익 중심으로 영업을 하게 되었다. 이러한 방법을 '솔루션 비즈니스'라 하고 영업 활동에 사용되면 '솔루션 세일즈'라 한다.

회사의 사업 방법이나 영업 방식이 바뀐다는 것은 신규 회사를 세우는 것보다 어려울 수 있다. 고정 관념부터 행동 및 제반 사용 양식까지 바꾸는 등 회사 내 혁명이 필요하다. 이와 같이 고객이 필요한 사항을 해결하든가 제안을 해 판매 증대, 이익 증대를 동시에 해결하는 방법을 솔루션 비즈니스라 한다. 솔루션 세일즈는 컴퓨터 소프트웨어 판매 시 활용되는 말이기도 하다. 본뜻은 차이가 없으며 가능한 중간재, 산업재 등에 확대해 활용될 예정이다.

복사기 등 사무기계 사업자는 고객의 업무 시간을 관리해야 한다. 따라서 사무기기 이용의 편리성, 고장률, 신속한 애프터서비스 제공, 사용비용 부담 등의 관리를 통해 비용 절감 및 업무 생산성 증대에 노력을 해야 한다.

소득이 증가하고 고객의 요구가 많아지며 경쟁이 치열한 상황에서는 고객을 위한 눈에 보이지 않는 서비스나 아이디어가 시장을 이끌게 마련이다. 이를 찾아서 제공하도록 사업 방법이 진화를 하고 있는 셈이다. 그러나 기존 사업 방법에 애착을 가지고 있거나 경영자 자신이 변하기를 원치 않는다면 이 책은 그리 필요치 않을 것이다.

정수기의 서비스화

소비자에게 활용도가 높아진 정수기를 검토해보자. 여러분이라면 어떤 정수기를 사용하겠는가? 주변에서 가장 많이 볼 수 있는 정수기는? 정수기를 왜 사용하는가, 사용한다면 특정 정수기에 대한 선호도가 높을까? 정수기를 구매해서 사용해본 적이 있는가, 현재 정수기 사용 시 불편한 점은? 평상시에 생각하지 않았던 사항을 한번 검토해보자.

첫째, 소비자의 정수기 사용에 대한 고충 사항(미충족 욕구)을 파악한다. 모든 소비자는 보다 좋은 물을 먹기를 바란다. 그래서 정수기를 구매해 수돗물을 정수해서 마신다. 정수기 구매 및 사용에 대한 소비자의 의견을 보면 구매 비용이 부담이 된다. 그래서 생수를 배달받기도 한다. 정수기가 고장나면 수리 완료 시까지 생수를 구매해야 하는 이중 비용이 발생하는 문제점도 있다. 또 정수기 필터

[그림 4-4] 정수기 서비스화 개발 체계도

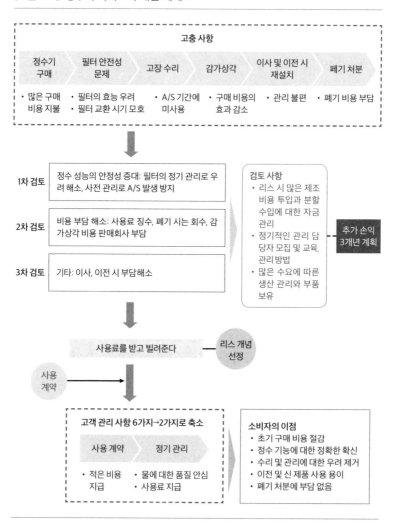

를 교환해야 하는데 시기 파악이 잘 안 되어 불안한 경우도 있다. 이전 및 이사 시에의 이동 설치 어려움, 폐품 시 처리 비용 등 여러 어려움이 따른다. 이를 사용에 대한 불만 또는 미충족 잠재 욕구라 할 수 있다.

[그림 4-4]는 정수기 구매 및 사용에 대한 필요 요소를 열거한 것이다. 일반적인 불만 사항은 수리 및 애프터서비스 시, 이사의 경우 비용 부담, 불안하거나 해결되지 않은 미충족 욕구는 필터 교환 시기를 잘 모른다, 수리 시 생수를 구매해야 한다, 고장 대처 방법이 미흡하다 등이 사용자의 우려 요인이다.

둘째, 고충 사항에 대한 해결 방안을 나열, 확인한다. 소비자의 사용 고충을 해결하는 방법은 무엇일까? 정수기 구매 비용의 부담 문제는 할인 및 할부 판매, 계약금 부담과 렌털 사용료 징수, 렌털 사용료만 징수하는 등 여러 가지를 검토해 줄여줄 수 있다. 정수기 고장 시에는 수리 기간 동안 다른 소형 정수기를 임시로 대여해 준다. 또는 현장에서 즉시 수리하고 수리 기간을 단축시킨다. 정수기 필터 교환은 교환 시간을 알려준다. 교환에 대한 연락이 오면 교환해준다. 이전 또는 이사는 연락하면 지원한다. 이사라면 이삿짐 센터에 방법을 알려준다. 폐품 처리는 연락하면 처리해주거나 자체 처리 방법을 알려준다. 여러분은 나열한 방법 중 어떤 방법이 가장 좋은가?

셋째, 해당 기업에 적합한 방법과 전략을 선택한다. 이때 회사 내 제반 자원-인력, 자금 등에 대한 검토는 필수다. 위 내용 중 여러분 회사의 현 여건 또는 보다 발전된 여건을 확인하고 회사에서 할 수 있는 것을 열거해 달성 방법을 연구한 후 실제 활용 내용을 정리해 실행 전략을 수립한다.

넷째, 렌털 조건(금액·기간 등)을 결정하고 제반 운영 시스템을 준비한 후 실행한다. 즉 판매 조직, 방문 담당자의 업무와 자격 요건, 렌털 대금 징수 방법, 생산 및 공급 시스템, 고객 상담 사용자의 제품 관리 방법 등을 준비한다.

기존의 구매해서 사용하는 방식을 렌털 방식으로 바꿔 판매자 및 사용자의 생각의 전환을 불러왔다. 이런 사업 방법은 정수기뿐 아니라 비행기 엔진, 공구류, 복사기, 밥솥, 침대 등으로 확산되고 있다. 서비스화 종류도 다양해질 것이다. 즉 여러분 회사의 제품에도 적용 가능한 사업 방법이 될 수 있다. 이제 여러분 회사의 제품 또는 서비스의 시장 내 위치(품질, 가격, 제공 서비스, 기타 등)를 정수기와 같이 세밀하게 분석해 이를 적용해본다면 제품의 시장 경쟁력을 회복하고 매출 증대를 가져올 것이라 확신한다.

02

서비스화
개발 연습

간이 점검 방법

서비스화 개발 방향 정립

서비스화 개발이란 제품 서비스화를 말하며 이를 중심으로 개발 방법을 기재하고자 한다. 이 방법은 시장 및 경쟁 변화에 대해 대처하는 간략한 방법이자 회사가 추구하는 기본 요소를 정확히 파악해보는 방법이다. 소비자의 상황을 정확히 파악하는 것이 매우 중요하다. 이 내용이 명확하면 기업이 제공할 혜택(가치)을 정확히 결정할 수 있다. 소비자 중심의 내용은 소비자가 구매해 사용하는 총비용의 검토를 통해 소비자에게 비용 절감 방법을 제시해야 한다.

[그림 4-5] 제품(서비스) 기본 가치 모형

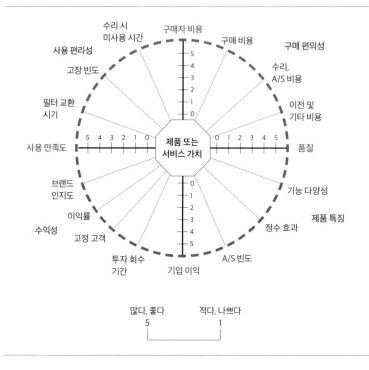

일단 구매 및 유지 비용이 적은 것은 소비자에게 상당한 혜택을 주는 것이다.

해당 제품의 개선 방향을 네 가지로 정했다. [그림 4-5]에서 볼 수 있는 것과 같이 구매자의 사용비용을 낮춘다, 보다 사용을 편리하게 한다, 제품의 장점과 차별성을 강조한다, 시장 내 인지도, 고정 고객 확보, 이익률을 정확히 확보해 매출 및 이익을 증대시킨다로 구분해 검토했다. 회사에서 서비스화를 도입한다면 이 네 가지를 결정해 추진하면 된다. 이때 소비자, 경쟁 제품, 시장의 정보를 구체적으로 파악해야 정확한 방향을 수립할 수 있다.

맨 먼저 구매의 편리성을 고려한다. 제품(서비스) 구매 금액, 이전 및 폐기 비용, 애프터서비스 및 수리비, 전기료 등을 확인해 총사용 비용을 검토한다. 소비자가 해당 제품(서비스) 구매, 사용에 대한 총 비용을 절약할 수 있는 방법을 검토해 서비스화 방법과 절약 방안을 제시한다. 이는 소비자의 구매 편의성을 제공해 구매를 증대시킬 수 있다. 최근 정수기, 비데, 매트리스 등의 렌털 방법 도입은 구매 편의성을 높인 것이다.

두 번째, 사용 편리성을 고려한다. 고장 시 대처법, 정수기의 경우 필터 교환 시기의 어려움 및 수리 기간의 경우 생수 대체 등 이용 시 발생하는 불편함과 비용 부담을 완화시켜 사용의 편리성을 제공한다.

세 번째, 제품의 특징을 재정립한다. 기술의 발달로 제품의 품질 차이는 크게 나지 않는다. 따라서 무엇을 더 강조 또는 차별화해 소비자의 호감을 얻어야 하는지가 중요하다. 고장이 거의 없든가, 고장 시 새것으로 교체, 정수 방법의 차별화, 그 외 다른 기능을 사용할 수 있는 것 등을 제공해 시장에서 제품 차별성과 소비자 선호도를 증대시킴으로써 매출을 증대시켜야 한다.

네 번째, 수익성을 고려한다. 서비스화의 핵심 방향은 고정 및 장기적인 고객의 확보다. 따라서 수익성은 단기성보다는 브랜드 인지도 확보와 유지 및 장기적인 방향에서 검토해야 한다. 앞으로 살펴본 네 가지 개선 방향을 바탕으로 인터뷰, 경제적 분석, 설문조사, 핵심 그룹 미팅, 시장 현장의 상황 확인, 판매자나 대리점, 도·소매상 점주 의견을 만나서 만족도, 불만 사항, 미충족 욕구, 최근 고객의 욕구나 시장 트렌드를 확인하는 것이 관건이다. 이들을 확인할 수 있는 접점과 확인 가능 노하우를 구축해 정확한 정보를 확보하고 단순화해야 경영자의 의사 결정에 도움이 된다.

제품 서비스화 도입 전 상황 분석

[그림 4-6]에서 보는 바와 같이 서비스화 도입 전의 제품의 시장 상황을 확인해보니 소비자의 제품 구매 및 사용비용은 높았다(척도 5). 사용 만족도는 평범했다(척도 3). 품질에 대한 의견은 비교적 높다(척도 4)고 생각하며 회사 이익은 큰 어려움 없이 기본 이익 목표(척도 3·5)를 달성하고 있다.

이번에는 항목별 세부 내용을 살펴보자. 소비자 구매 시 총비용에서 구매 비용, 이전 및 기타 비용이 높다. 사용자 만족도 면에서는 고장 빈도와 필터 교환 시기에 대한 우려가 있으며 품질 면에서는 기능 다양성이 낮은 점수를 보이면 고정 고객은 적으나 이익률은 달성하고 있는 셈이다. 이 사항을 보다 소비자 중심으로 검토해

[그림 4-6] 제품의 현재 시장 상황과 경쟁력

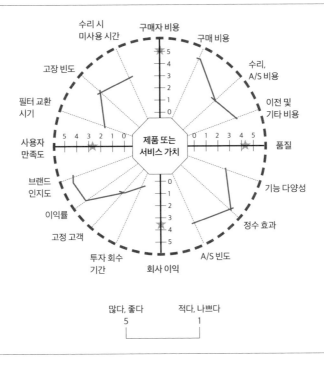

많다, 좋다　　　적다, 나쁘다
5　　　　　　　1

보자. 소비자 구매 총비용을 줄여야 할 것이며 사용자 만족도 증대를 위해 필터 교환, 수리 기간의 조정, 고장 발생을 줄여야 한다.

제품 서비스화 도입 방향

[그림 4-7]에서 보는 바와 같이 소비자의 구매 총비용을 줄이기 위해 구매 시 렌털 또는 할부 제도를 도입해야 한다. 수리, 애프터서비스 비용, 이전 비용을 줄일 수 있는 방법 또한 검토해야 한다. 고

[그림 4-7] 렌털 사업의 서비스화 도입 후 상황 분석

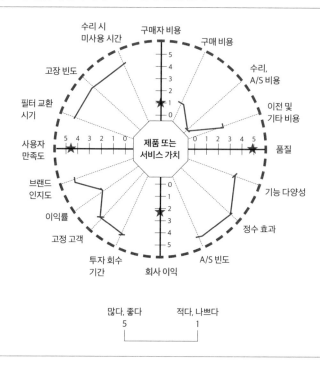

장, 필터 교환 등에 대해서는 주기적인 순회 및 전화 서비스를 제공하고 고장, 애프터서비스 등을 줄일 수 있는 제품을 보완한다. 이 같은 내용을 개선, 보완하기 위한 렌털, 리스, 할부 등의 판매 전략 또한 검토해야 한다.

정수기 제품의 서비스화(렌털) 도입 결과

서비스화의 기본 목적은 소비자에게 보다 많고 좋은 혜택을 제공

[그림 4-8] 제품 서비스화 결과 비교

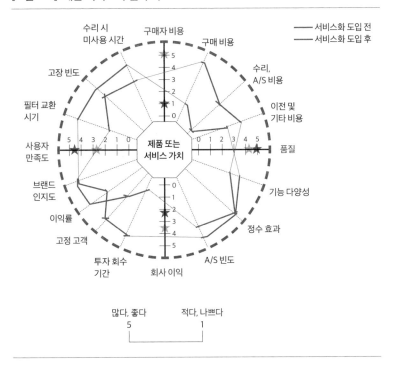

해 매출액과 이익을 증대시키는 것이다. [그림 4-8]에서 볼 수 있는 것처럼 전체적으로 소비자의 구매 비용 및 사용비용은 감소하고 사용 만족도 또한 증가했다. 그 과정에서 회사 이익은 감소해 정책을 수립하고 실행하는 데 어려움이 따랐을 것이다. 그러나 고정 고객 증가 및 장기적인 수익 구조를 갖추는 성과를 갖추었다.

지금까지 서비스화 실행 전후의 소비자 및 회사에 끼치는 영향을 검토해보았다. 정수 효과와 브랜드 이미지나 다른 사항은 모두 바뀌고 있다. 회사 이익은 서비스화를 시행하기 전보다 감소하고 자금 회수는 장기화되어 자금을 활용하는 데 어려움이 있을 수 있다. 무엇보다 초기 투자 자금 확보는 장기적인 관점에서 중요하다.

길게 보면 고정 고객이 증가해 이익이 증가할 것이며 렌털 사업을 지속하는 데 더 좋은 효과를 보일 것이다. 물론 소비자 만족도 또한 매우 높을 것이다. 단, 서비스화 시행 전 만족도와는 만족 요소가 달라서 비교 및 만족 정도 면에서 차이가 크다. 만족 요소의 차이는 구매 비용이 적고 유지에 따른 불편과 불안감이 해소되어 기존 만족도와는 비교가 되지 않는다.

기본 개발 방법

서비스화 개발 과정과 주요 검토 사항

닭이나 도넛을 기름에 튀기는 튀김기는 구매가가 비싸다. 튀김기 구매를 꺼리는 자영업자가 있다면 이들에게 매일 일정 금액을 받거나 사용 횟수에 따라 금액을 받는 등의 형태로 서비스화를 제공할 수 있다. 그러면 해당 튀김기의 판매량은 증가하고 자영업자는 투자 금액을 줄일 수 있어 손익분기점을 낮출 수 있다. 튀김기 제조회사는 판매가 훨씬 쉬워지는 셈이다. 여기서 매일 일정 금액을 받는 것과 사용 횟수에 따라 사용 금액을 받는 방법이 서비스화의 기본 내용 중 하나다.

따라서 각종 소형 기계, 튀김기, 업소형 냉장고, 제빵 기계 등을 제조, 판매하는 회사는 이들 제품을 판매가로 판매하는 것보다 저렴한 방법(사용료 징수, 일수 형태 징수, 분할 판매)으로 사용자의 금액 부담을 줄여주면 구매자는 우선적으로 사용해 판매량이 증대될 수 있다. 그런데 중소기업에서 이러한 서비스화 방법을 채택하려 해도 실제 실행이 어렵다. 제품 제조비를 선투자한 후 부분 수입을 취하는 것이어서 이는 중소기업 입장에서 자금 압박의 원인이 될 수 있다. 실행 시에 제조사가 갖추어야 할 사항들이 증가해 제조사는 부담이 있어 실제 활용이 확대되기에는 어려움이 따를 수 있다.

여하튼 일반 소형 기계나 업소용, 가정용 활용 기계 등을 제조하는 회사들은 이러한 방법을 통해 시장 점유와 매출을 증대시킬 수 있다. 이후 수리·운영·관리 등의 서비스를 추가로 제공해 수입을 증가시킬 수 있다.

[그림 4-9]는 개발 과정을 도식화한 것이다. 우선 회사 제품의 특징을 정확히 파악해 서비스화 도입이 가능한지 검토한다. 과연 서비스화 도입이 필요한지, 서비스화를 통해 시장 장악 능력이 증대될 것인지 검토한다. 이때 회사 내 해당 업무를 같이 수행하는 부서들이 모여 결정하는 것을 추천한다.

서비스화 내용이 필요한지 결정하기 위해 우선 제품을 사용하는

[그림 4-9] 제품 + 서비스화 개발 과정

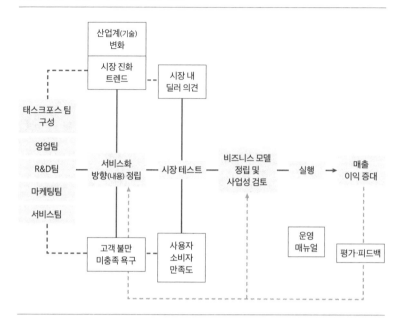

사용자 또는 소비자의 사용 행태를 정확히 파악해야 한다. 사용하면서 불만 사항은 무엇인지 또는 실제 욕구를 만족시켜주지 못하는 요소는 무엇인지 찾아내야 한다. 이것이 서비스화 내용과 방법을 결정하는 기본 과정이 된다.

이 내용이 정리되었다면 회사의 태스크포스팀이 나설 차례다. 불편 사항을 해결해준다면 소비자는 자사 제품을 더 많이 쓸까, 어떻게 사용하게 할까, 서비스화를 결정한다면 정수기를 설치해주고 필터 관리, 현장 애프터서비스 및 수리비를 부담시키지 않아야 할까,

구매가 아닌 적은 보증금 납부 및 사용료만 징수하는 것이 좋을까 등의 방법을 결정했는가. 결정했다면 기계 투자비, 실제 현장 순회 관리 인원 확보 및 교육 등 새로운 제도를 만들고 실행을 위한 비용 계산을 통해 결정해야 할 것이다.

주요 개발 과정

해당 사업의 서비스화 도입 여부는 사업에 대한 특성과 특징을 정확히 검토하는 것이 우선이다. 사업 특성이란 해당 사업의 가지고 있는 강점, 특성, 다양한 사업 방법 연출의 가능성 등을 파악하는 데 직접적인 역할을 한다.

시장 특징과 관련해 다음과 같은 질문들을 던져보자. 우리의 고객은 누구인가? 가정주부다. 고객의 우선순위 변화는? 가격보다 편리성을 추구하고, 주부만의 특징을 보유하고 있다. 그렇다면 우리의 고객은 누가 되어야 하는가? 범위를 좁혀서 30대 주부를 타깃으로 한다. 타깃 고객에게 성능·디자인·작동법·가성비·렌털 등 어떤 가치를 어떻게 부가할 것인가? 고객이 과연 우리 회사를 우선순위에 둘 것인가? 우리의 수익 모델로 대량 판매 및 고가 판매, 소모성 자재 판매, 렌털, 애프터서비스 수익 등을 내세우고 있다. 그중 현재 사업 설계는 어느 방향으로 진행되고 있는가? 대량 판매 쪽으로 방향을 잡고 있다. 누가 우리의 진정한 경쟁자인가? 이것은 자체 결정

[표 4-2] 고객 욕구 분석 예시

왜(성능·감각·상징)		
언제·어디서		
어떻게	사용법	
	사용 과정	
	보완 제품	
누가		
불만 사항		

한다. 우리의 강력한 경쟁자의 사업 모델을 파악했는가? 경쟁자의 사업 설계는 렌털 판매 중심이다. 다음 사업 설계는? 우리의 전략적 통제 포인트는? 고객에게 편리성을 제공하는 것으로 정했다. 이 같은 질문의 답을 적어 내려가다 보면 경쟁자를 물리칠 수 있는 방법을 모색할 수 있다. 또한 핵심 고객이 이동을 해도 사업 설계를 빠르게 전환해 해당 고객을 다시 얻을 수 있다.

제품이 가격 변동에 따라서 판매량의 변화가 심한가? 제품 기능이 단순해서 유사 제품이 많은가? 경쟁품이 많은가? 우리 제품은 품질에 대한 고객의 신뢰가 높고, 필수품 또는 독점품이라서 수요 변동이 거의 없다. 고정 고객에게만 판매하며 유통점별 판매 방법에 따라 어느 정도의 매출 변동은 없다. 단, 제조 방법이 어렵다. 열거한 방법에 대한 경쟁력 우위가 될 만한 방법을 선택하고 강화할 부분을 보강해 매출을 증대시켜야 한다. 고객 불만, 미충족 욕구 및 경쟁 환경을 파악하는 것은 쉬운 일이 아니다. 일반적으로 나타나지 않는 사항, 실제 경쟁자 등을 파악하는 일 또한 결코 쉽지 않다. 정확한 내용을 파악하기도 어렵다. 심도 있는 관찰과 정확한 자료 취득이 선행되어야 한다. [표 4-2]를 참고하기 바란다.

고객 가치와 해결 방법 ① 커피숍

커피 원두는 고객이 구매, 사용할 때 어떤 가치 단계와 구조를 가지고 있는가? 그리고 어떤 가치(구매 의사 결정 요인)로 구성돼 있는가? 원두 구매 가격, 원두 배송, 커피를 끓일 때 드는 물의 양, 커피를 끓이는 시간, 커피를 내릴 때 사용하는 필터의 사용량, 커피 찌꺼기의 양, 커피 기계의 청소의 수월성과 청소 시간, 커피 찌꺼기의 재활용 방법, 가장 중요한 맛 등으로 표현될 수 있다. 각각의 가치에 대해 무엇을 제공해야 하는가? 제공하기 전에 어떤 혜택을 줄 것인지부터 결정해야 한다. 무엇보다 제공 내용이 경쟁사보다 비교우위를 갖추어야 한다.

비용을 줄이는 가치 단계로는 구매 가격, 배송비, 필터 사용량, 커피 찌꺼기의 양을 들 수 있고 생산성을 높이는 가치 단계로는 커피 기계의 청소 수월성과 청소 시간, 커피 끓이는 시간을 들 수 있다.

[표 4-3] 고객 가치와 해결 방법 예시

제품 특징 요소	관찰된 고객의 행동	활동별 고객 가치	솔루션

그 밖에 커피 찌꺼기 재활용 등으로 구분해 고객에게 적합한 활용 방법을 제시해 고객에게 혜택을 제공한다.

해당 제품·서비스가 고객의 욕구나 불만 사항을 접수한 내용만으로는 가치 구조에 대한 이해는 충분하지 않다. 따라서 [표 4-3]과 같이 고객이 실제 경험한 결과를 분석해 더욱 세밀한 정보를 확인해야 한다.

즉 고객의 실제 경험 사례를 단계별로 파악한 후 각 단계에서 발생하는 고객의 문제점, 현안, 잠재적 애로 사항이나 추구 가치 등이 무엇인지 잘 규명한다면 회사가 제공할 수 있는 솔루션과 내용을 정확히 파악할 수 있다.

고객 가치와 해결 방법 ② P&G

기본 방향은 소비자 소비 행태를 좀 더 넓게 보자는 데 있다. 소비자를 파악하는 방법으로는 소비자 친밀 프로그램, 살아보기, 일해보기 등이 있다.

소비자 친밀 프로그램은 신입사원이라면 필수로, 전 직원의 70% 이상 이수한다. 고객의 속내를 잘 모르겠다는 문제점을 발견할 수 있다. 우리 회사는 비교적 사회적·경제적으로 높은 사람들을 고용한다. 그러나 주된 소비층은 중산층이다.

살아보기는 소비자의 집에서 며칠간 살며 식사·쇼핑·여가 활동을 같이하는 프로그램이다. 시간과 돈을 어떻게 사용하는지, 사회 관계망은 어떤지, 무엇을 가장 중요하게 생각하는지, 어떤 제품을 구매하는지, 어떤 면에서 해당 브랜드와 소비자의 삶과 부합하는지 등을 몸소 느껴보는 것이다.

일해보기는 작은 매장의 카운터 뒤에서 일해보는 프로그램이다. 특정 제품을 구매하거나 구매하지 않는 이유, 자사의 혁신이 쇼핑을 편하게 하는지 아니면 소매업체나 소비자에게 혼란만 주는지 파악할 수 있다.

이 같은 활동 결과 핵심 욕구, 가격 포인트, 고객 접근 루트, 비즈니스 모델, 비용 구조를 더욱 정확히 알 수 있다. 따라서 눈·귀·마음·육감을 동원해 심도 있게 조사를 해야 한다. 예전에 제품을 개발할 때 치약은 입, 샴푸는 머리카락, 세제는 빨랫감, 세탁기 등 소비자의 여러 측면이 아닌 소비 중심 하나에만 초점을 맞추었다. 삶을 고려하지 않고 회사의 제품과 기술만 생각했다.

이제 소비자의 삶을 이해하는 방법을 배워야 한다. 얼마나 바쁜지, 소비자의 일은 무엇인지, 수입은 얼마나 되는지, 집 안에서 역할은 무엇인지, 개인적인 꿈은 무엇인지, 어떤 가정을 꿈꾸고 있는지 등 소비자의 살림살이와 개인적인 욕구를 파악하면 그에 맞는 혁신의 기회가 눈에 들어온다.

P&G의 가치 구조별 가치를 파악하고 성공 사례를 들여다보자. P&G는 멕시코인을 위한 세제를 개발했다. 인구 1억 6,000만 명이 살고 있는 멕시코는 상류층 15%, 중산층 60%, 하위층 25%로 구성되어 있는데 하위층은 제품 구매 경제력이 없다. P&G는 중산층 시장에 침투하는 것을 목표로 삼았다. 이들과 관련된 비즈니스의 기회는 무엇이며 그 이유는 무엇인가? 그동안 좋은 제품을 선보였지만, 소비자의 욕구와 습관을 이해하지 못해 실패했다. 기존 제품은 일반 사용량의 50%만 사용해서 거품 없이 세정 효과를 얻을 수 있었다.

멕시코의 소비자는 이 세제를 써보고 이렇게 생각했다. 적은 양으로 세탁물을 깨끗하게 세탁할 수 있다는 것을 믿지 않았다. 거품이 없으면 땀이 씻겨나가는 것을 확신하지 못했다. 게다가 멕시코인들은 세탁기가 없어서 손빨래를 하고 있었다. 중간 점검 결과 P&G가 제시한 것을 대다수 멕시코인이 원하지 않는다는 것을 알았다.

P&G는 '소비자 친밀 프로그램'을 개발했다. 직원이 저소득층 가족들과 며칠 정도 함께 지내는 '살아보기' 프로그램도 진행했다. 이들을 관찰해보니 새 옷은 자주 사 입을 수 없지만, 빨래를 자주 하고 다림질해 입었다. 문제는 멕시코는 사용할 수 있는 물이 턱없이 부족하다는 데 있었다. 일반적으로 빨래는 세탁→헹굼→탈수→유연제 투입→헹굼→탈수 등 6단계를 거친다. 이렇게 하려면 물을 직접 길어 오든가 빨랫감을 빨래할 수 있는 곳으로 가지고 가야 하는 번거로움이 있다. 무엇보다 이들은 섬유유연제 사용을 원하고 있다. 그렇다면 물을 적게 쓰고 빨래를 좀 더 편하게 할 수 있어야 한다. 빨래를 6단계에서 3단계를 축소하는 전략을 세우게 되었다. 즉 헹구는 시간과 빨래 횟수가 줄어들어 빨래 시간, 물, 노력이 모두 절약되었다. 심지어 옷에서 나는 냄새도 좋다. 따라서 가치 구조별 구매 요인이 되는 단계별 필요 가치를 확인한 후 각 가치 구조별 고객 경험을 파악하고 내용을 정리해야 한다. 이에 대한 해결·보완·지원 방법을 결정하면 된다.

새로운 고객 가치를 제대로 파악하면 해당 제품·서비스에 대한 관리, 판매 방법을 바꿀 수 있으며 나아가 신제품을 만들어낼 수 있을 뿐 아니라 경험 등을 가미한 기존 사업의 새로운 차별화 요소를 정립할 수 있다. 고객 문제를 해결하는 다양한 새로운 솔루션 비즈니스 모델의 창출 등도 가능해진다. 이에 포함되는 내용은 제품·서비스별로 차이는 있겠으나 성과와 비용에 대한 내용으로 나타나는데 세부적으로는 생산성 향상, 단순성, 간편성·편의성 증대, 위험 감소·배제, 비용 절감 등이 주류를 이루며 필요하다면 변화된 수치도 준비해야 한다.

종합해볼 때 제품 본래의 특징·편익에 기반한 사용 등에 고객의 관심사가 집중돼 있던 과거와 달리 향후 고객 가치는 전체 경험 단계로 확산되며 다양화될 것이다. 따라서 고객이 제품·서비스를 구매, 사용 시 일련의 경험 과정을 겪는 가치 단계에서 발생하는 고객의 불만 사항, 미충족 욕구, 기타 문제점 등이 무엇인지를 잘 파악해야 새로운 고객 가치를 발굴할 수 있는 기회를 가질 수 있다.

이러한 단계를 통해 개발되는 서비스화 사항이 제조 서비스화다. 실제 고객 가치는 단계별로 고객이 추구하는 효용 가치를 분석해봄으로써 도출할 수 있을 것이다. 물론 제품·서비스별로 고객 가치에 차이가 있을 것인데 이는 판매하는 제품·서비스의 특성을 감안해 고객 가치를 찾아내는 노력이 매우 중요하다. 찾아냈다면 향후 열람이 가능하도록 자료화하는 것도 필요하다.

기술의 혁신 속도가 빨라질수록 화려한 기능에 초과 만족된 소비자은 늘어나기 마련이고 이들은 불요불급한 초과 사양보다는 가격을 주요 구매 포인트로 여기게 마련이다. 이 때문에 원가 절감에 여력이 적은 중소기업 입장에서는 제품과 '토털 솔루션'으로서의 서비스 결합을 통한 서비스화는 가격 경쟁이 아닌 가치 경쟁을 통해 경쟁우위를 갖출 수 있는 좋은 기회가 되는 것이다.

상품 판매라는 전통적인 개념에서 벗어나 소비자의 초기 구매 선택부터 제품 폐기까지 전체 주기상에서 발생할 수 있는 소비자의 문제를 해결하는 서비스가 제품의 경쟁력으로 부상한 것이다. 제조 기술 격차 감소, 부품의 모듈화로 제품의 차별성이 없어지자 글로벌 기업이 '제품의 서비스화'를 경쟁우위 전략으로 활발히 활용하고 있다. 이와 반대로 서비스 제공 업체가 서비스의 강화를 위해 제품까지 공급하는 것을 '서비스의 제품화'라고 지칭한다. 이를테면 온라인 서적 판매 기업인 아마존의 보급용 전자책 리더기인 킨들 출시라든가 온라인 검색 서비스를 제공하는 구글의 안드로이드 스마트폰 출시가 이에 해당한다.

제품 구매 비용보다는 제품 사용에 따른 유지보수, 소모품 구매, 기술 지원, 금융 등 부대 활동에서 창출되는 수익이 훨씬 크기 때문에 제품 관련 서비스 시장이 확대되는 것이다. 예를 들어 복사기 사용 시 용지와 잉크 비용, 판매 비용이 더 많고 수익률도 높다. 풍력 발전의 경우 애프터서비스 비용이 많이 필요하다 등 서비스 내용의 비용 부담이 증가하고 있다.

가치 창출 요소 및 목표 고객 욕구 확인

[그림 4-10]의 욕구 파악 방법에서 욕망의 발견 내용을 보면 구매 현장 인터뷰, 쇼핑 같이하기, 가정 방문, 구매자의 행동을 확인하기, 현장 조사, 고객 되어보기 등이 있다. 제품 구매 후 구매 현장 인터뷰를 구매자에게 직접 확인해보는 것이 가장 효과적이다. 현장 조사라면 제품 구매 전 행동과 구매 시의 행동을 확인한 후 구매자 또는 다른 제품의 구매 동기를 직접 확인하는 것이 효과적이다.

조사 자료에 대한 분석과 의견 제시도 사실과 의견의 분리, 고객이 처한 상황에 대한 정확한 기록 등은 공유하면서 종합 토의로 결론을 얻는 것을 추천한다. 나아가 현재 구매 방법 외에 회사가 향후 도입하려는 다른 방법에 대한 의견도 추가 확인하는 것이 필수적이다. 이와 같이 결정된 의견을 [그림 4-11]에 작성해놓았다. 회사가 추진해야 할 방향을 확인할 수 있다. 만약 비교 요소 중 같은 수준을 달성하기 어려우면 다른 요소를 더욱 강화해 경쟁을 검토하는 것이 하나의 방법이 될 수 있다.

자사 제품이 시장에서 어떤 상황인지 명확히 확인해보려면 시장 내에 고객 욕구 사항, 자사 제품과 경쟁사 제품 가치, 실제 변화와 부족, 만족 사항 순으로 검토한다. [표 4-4]처럼 현황을 비교해 실행 방안을 파악하고 신가치 개발 요인을 확인해 실행 방안을 검토한다.

[그림 4-10] 욕망의 사업화를 위한 4단계 전략

	설명	핵심 툴
욕망의 발견	• 일상생활에서의 관찰 및 패턴 분석을 통한 고객의 잠재 니즈 파악	• 문화인류학적 조사 방법
욕망의 체계화	• 사업 기회에 대한 인사이트 도출을 위한 '욕망의 체계화'	• 체계적 기록 • 분석 및 종합 • 프레임워크화
욕망의 사업 기회화	• 다양한 아이디어 수집을 통한 사업 기회 개념 도출 • 사업 기회에 대한 연결 지점 설정	• 사업 영역 정의 • 사업 모델 정의 • 서비스 및 제품 기능 개선
프로토타이핑 및 사업 기회 현실화	• 콘셉트의 핵심 부분을 예시적으로 구현 • 고객/내부 피드백 반영 • 반복 통한 완성도 향상 • 선정된 사업 기회에 대한 추진 계획 수립 및 실행	• 신속한 진행 통한 반복적 피드백 과정 • 고객으로부터 피드백 수령

욕망 파악 방안
• 현장 심층 인터뷰, 그림자 추적(쇼핑 같이하기, 가정 방문), 현장 조사(매장 조사, 패턴 분석), 고객 되어보기 등
• 솔루션이 아닌 팩트 확보에 집중

체계적 기록
• 다양한 고객 데이터 기반으로 기록
• 내용의 성격을 규정짓고 분류
  - '사실'과 의견의 분류
  - 고객이 처한 '상황'에 대한 기록
  - 내용의 성격을 규정짓고 분류
분석 및 종합
• 솔루션보다는 욕망에 집중한 분석
• 욕망 간의 클러스터링, 선후 관계 및 인과 관계 파악
프레임워크화
• 고객의 경험 단계별 정리
• 고객의 배경 이야기 연계
• 중요성 분석

자료: 원종필·최통령, 《동아비즈니스 리뷰》 110호, 2012.8.

[그림 4-11] 고객 욕구, 경쟁 제품과 자사 제품의 가치 차이 분석

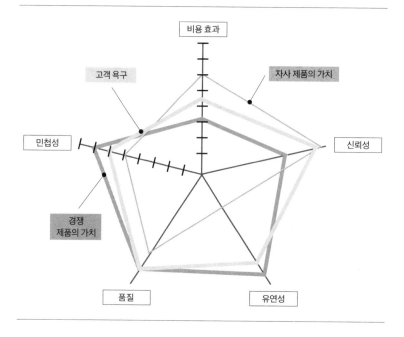

[표 4-4] 서비스화 가치 비교 예시

구분	소비자 욕구	자사	경쟁사	비고
품질	7	6	7	-
비용 효과	4	6	3	-
신뢰성	6.5	7	5.5	-
민첩성	6	5	7	자사가 가장 낮음 소비자 욕구와 -1 차이
유연성	6	2	7	자사가 가장 낮으며 차이가 큼
계	29.5	26	29.5	

[그림 4-12] 경쟁 제품 대비 자사 제품의 세부 가치 비교

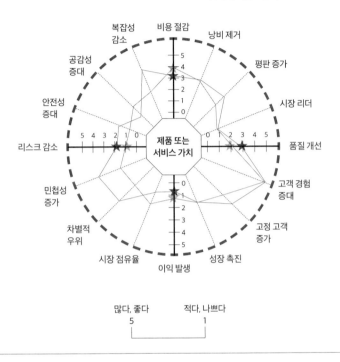

이런 내용을 바탕으로 [그림 4-12]와 같이 더 구체적인 가치 요소를 확인, 비교를 통해 회사와 해당 담당자의 역할과 실행 내용을 작성, 개발한다. [그림 4-12]에 드러난 기본 검토 사항인 품질 개선, 비용 절감, 리스크 감소, 이익 발생을 비교해보면 자사 제품은 품질, 리스크 분야에서 경쟁사보다 더욱 경쟁력이 있으나 수익 분야에서는 이익이 적게 발생하므로 제품 제조 원가 및 딜러 마진 또는 광고·판

[표 4-5] 가치 창출 요소

가치 창출 단계	세부 요소	가치 창출 요소 (상품·서비스 탐색)	경쟁우위 구축 내용 (상품·서비스의 특징)
주요 기능 (내용 이해가 쉽고 빠르게)	제품·서비스	감성 요인 제공할 가치	
	정보 파악	정보 접근 소요 시간 접근의 신속성 내용의 이해 용이성	
구매 (즐거움 제공)	구매 활동	종류의 다양성, 가격의 차별성 좋은 디자인, 공주 같은 대우 쾌적한 분위기, 맛, 구매 편리성	
	점포	점포 위치 이미지: 편안, 깨끗, 럭셔리 구매 편리성: 복장, 미소, 지식 수준, 화법 이벤트: 마일리지, 판촉 활동 온라인 점포, 무점포 판매	
배송 (빠르고 정확히)	납품	속도, 편의성, 적시성, 설치 편의성	
사용 (체험 만족도 증대)	기능적 가치	내구성(TV, 냉장고) 신뢰성(냉방 효과, 삶는 효과)	
	사회적 가치	사회적 인정 정도(고장이 잘 나지 않는다)	
	감정적 가치	감성, 감정적 교류 사항 (블로그, 제품 이미지)	
	인식적 가치	상품의 독특성과 만족도 (신 아이디어 사업·상품)	
	조건적 가치	가치의 확장(복합 기능 제품, 용도의 확대) 효용, 권위, 재미, 이미지 상승 편리성, 편안, 고객 관리, 생산성	
애프터서비스 (빠르고 정확히)	청구	청구 절차의 용이성 간편성	
	고객 대응	속도, 적시성, 소요 비용	
폐기·처분 (빠르고 저렴하게)	처리 과정	간편성, 처리 비용 재활용 환경 친화성	

[표 4-6] 고객 가치의 수정·보완

구분	가치 요소	수정·보완 실천 전략
제거해야 할 가치		
줄여야 할 가치		
강화해야 할 가치		
창조해야 할 가치		

촉·인건비 등 관리비를 정확히 비교해 개선 방법을 찾아야 한다.

[표 4-5]에 가치 종류의 사례를 소개한다. 이를 이용해 회사에 필요한 가치를 정립하는 데 활용할 수 있을 것이다. 더 자세한 사항은 직원과 토의 워크숍을 통해 세부적인 필요 가치를 추출해보자.

전략 방향 수립

제조 서비스화 또는 제품 서비스화의 전략 방향을 수립할 단계다. 제조 서비스화는 제품 개발 및 개선 분야로서 주로 신제품 개발 과정을 중심으로 검토한다. 시장 수요, 개발 기간, 투자 비용, 침투 방법, 영업사원의 의지 등의 확인이 필요하다. 제품의 차별적 우위를 구축하기 위한 검토도 놓치면 안 된다. 이 책에서는 주로 제품 서비스화를 중심으로 다루는데 시장의 경쟁 상황 및 새로운 경쟁 방법 확인, 소비자의 불만 또는 미충족 사항, 시장 확대의 어려움

[표 4-7] 경쟁우위 고객 가치 비교

구매 욕구 (제공 가치)	자사 제품	경쟁 제품 1	경쟁 제품 2	비고
제품 실 가치				

점 등을 충분히 검토하기를 추천한다.

서비스화 아이디어 개발

아이디어 개발의 기본 방향은 소비자가 편리하고 가성비를 느낄 수 있고 보다 풍요로운 생활이 될 수 있는 방법과 제도를 개발하는 것이다. 제품 서비스화의 아이디어는 다양하지만 최근 렌털, 리스, 사용량 중심 요금 징수, 무료 교환, 애프터서비스 방법의 전환 등을 많이 사용한다. 기계, 전자제품의 경우 장착도 하나의 서비스화 과제다. 따라서 회사가 어떤 서비스화 방법에 대한 아이디어를 개발해 이를 적용시킬 수 있는지 연구가 필요하다. 이때 현장을 담당하는 영업사원의 의견 청취는 필수적이다.

각 재화별 점검해야 할 가치 내용은 다음과 같다. 즉시 수리, 교환, 애프터서비스, 사용량에 따른 사용료 획득, 사용 기간에 따른 사용료 수취, 사용 방법 제공, 관리, 유지 서비스(서비스 범위 확대), 체험 후 구매, 재활용 대행, 중고 판매 대행, 폐기 처리 대행, 사전 진단 서비스, 금융 서비스, 맞춤 서비스, 설계 또는 디자인 서비스, 전문가 파견 등이 있다. 이 내용을 바탕으로 [표 4-7]을 참조해 비교해보자. 이때 제공 가치를 금액으로 환산하면 차이 분석이 좀 더 명확해진다.

서비스화 내용 및 방법 개발

서비스화 내용 개발이 결정되면 어떻게 시행할 것인지 방법을 검토한다. 서비스화 방법은 다양하나 렌털을 사업 방법으로 검토한다면 렌털 시스템 구축 방법, 사용료, 계약금, 기술 개발, 필요 인원 등을 검토해 가능성을 파악한다.

도입 방법 및 소요 예산 파악

서비스화의 주요 내용은 다음과 같다. 계약금, 사용료, 정기적인 애프터서비스, 고장 및 사용자의 과실에 따른 애프터서비스에 대한 요금 징수, 순회 판촉의 경우 적정인원 수와 급여 및 수당, 서비스 제공 후 손익분기 달성 기간 및 수익 발생 시점, 렌털 시 회사 내 제조·운영 등의 자금 운영 등을 검토한다. 계약 만료 제품에 대한 처분 기준과 사업 실시 후의 사업 계획과 자금 계획을 수립한다. 당연히 투자 타당성을 검토해야 하고 시장 점유율과 필요 인원도 점검한다. 그에 따라서 교육, 컨틴전시 플랜 등의 정확한 수립으로 활용도를 높인다.

시제품을 개발하는 데 제품의 차별화 요소, 고장 발생 가능성과 빈도, 모양과 디자인 등을 검토한다. 목표 고객의 사용 체험과 표적

집단 면접FGI: Focus Group Interview, 제품·디자인·사용료 면에서 경쟁사와 반드시 비교우위를 점검한다. 예를 들어 정수기라면 판매와 애프터서비스를 통합 운영 또는 분리 운영할 것인지 비즈니스 모델을 검토한다. 자사 영업사원을 통한 직접 판매를 활용할 것인지, 외부의 전문 회사에 의뢰해 간접 판매를 할 것인지 결정한다.

직접 판매는 시장을 직접 관리하므로 수익률이 높고 판매 정책을 효율적으로 수립, 실행할 수 있다. 그러나 영업사원을 고용해야 하므로 인건비 및 제반 판매 관리비가 필요하고 경쟁우위 면에서 회사의 비용이 증가하는 요인이 된다. 그러나 영업사원이 판매 활동을 잘 하여 영업사원에게 드는 제반 경비를 부담하고 회사에 이익을 가져다준다면 가장 이상적인 판매 방법이 될 수 있다.

간접 판매는 직접 영업사원을 고용하는 방식이 아니다. 영업 조직을 갖추고 있는 제3의 조직에 판매를 의뢰해 매출을 달성하는 방법이다. 따라서 직접 경비는 지출하지 않아 경비를 절감할 수 있지만, 시장 정보 수집 기능이 떨어지는 난점이 있다. 직접 시장 관리를 하기 어려워 매출 증대 관련 전략 수립과 실행하는 데 어려움을 겪을 수도 있다. 직접 판매와 간접 판매 비율을 5 : 5로 유지하는 것이 가장 이상적인 영업 활동이다. 서비스화 방법 중에 렌털 사업은 직접 판매와 간접 판매를 혼용할 수 있는데 사전에 충분한 검토를 거치는 것을 추천한다.

[그림 4-12]에서 볼 수 있는 것과 같이 경영 전략은 기존 회사가 작성하는 전략 및 실행 계획을 수립하는 방법이다. 시장 및 경쟁 상황에 따라 기본 방향을 검토해야 한다. 현 사업과 변경(추가) 사업에 대한 사업을 개념을 재정립한다. 이를테면 쿠쿠전자는 제조업에서 서비스업으로 사업을 전환하면서 회사 조직을 서비스 조직으로 변경했다. 사업 개념을 재정립하면서 회사의 방향이 바뀌면 회사의 미래 비전도 바뀌게 마련이다. 사업 개념과 회사 비전을 성립하면 이를 수행하기 위한 인력 구조, 조직 체계, 연구개발, 마케팅 전략을 재조직화해야 한다.

컨티전시 플랜은 대부분 중소기업이 어려움을 겪는 사항이다. 시장에 출시한 후 예상보다 판매가 저조하다든가 예상치 못한 불만 사항이 불거져 나올 수 있다. 영업사원의 대처 능력이 부족하든가 딜러 기업의 판매 방법이 서툴 수 있다. 아니면 애프터서비스 등 설치 관리 부분에서 미흡한 부분이 발생할 수 있다. 이렇게 다양한 현상에 대한 대처 방법을 미리 준비해야 한다.

일반적으로 회사 내 조직의 구성과 실행, 직원의 미숙함, 영업사원의 숙달 부족이 많이 나타난다. 이는 의지만 확고하면 극복할 수 있는 문제다. 특히 제품 서비스화는 제2의 창업이라는 생각으로 실행해야 성공률이 높다. 이 점을 명심해두기 바란다. 그렇다면 가치 창출과 수익 발생에는 어떤 상관관계가 있는가. [그림 4-13]을 들

[그림 4-13] 서비스화 전략 개발 체계도

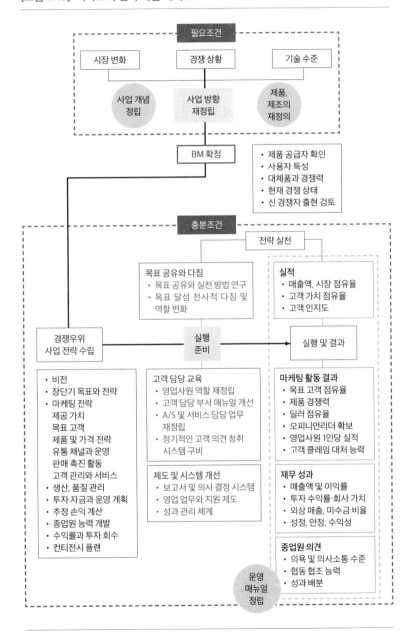

[그림 4-14] 가치 창출과 수익 발생 연관 분석

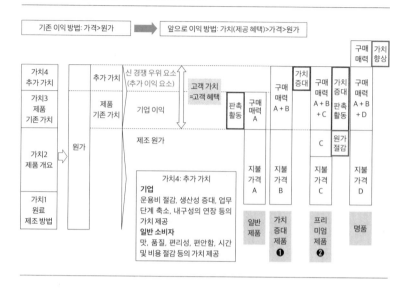

여다보면 이 둘의 관계를 좀 더 심도 있게 이해할 수 있을 것이다. 사업은 매출 및 이익이 발생해야 하고 나아가 이를 꾸준히 유지 성장시켜야 한다. 그러려면 소비자에게 적합한 제품, 서비스 가치를 창출하고 제공해야 가능하다. 따라서 수익 발생에 대한 기본 사항을 익혀둬야 한다. 1차 목표는 가치 증대 제품, 서비스를 개발하고 이 제품(서비스)이 정착하게 되면 이후 가치·가격 증대 및 가격 차별화를 통한 '프리미엄 제품'으로 시장을 장악하게 된다. 이 단계를 넘어서면 '명품'으로 발전한다.

마지막으로 실행 매뉴얼을 준비할 차례다. 일반적으로 실행 매뉴얼에는 직원 각자가 해야 할 일을 작성해놓는다. 우리나라 기업은 매뉴얼대로 실행 또는 실천하는 경우가 적은데 이유는 매뉴얼에 익숙한 직원이 적기 때문이다. 따라서 이를 실행에 옮기려면 경영자의 적극적인 관리가 뒷받침되어야 한다. 필요시 개인별 실행율 등의 목표를 정해주고 격려금을 지급하는 방법을 추천한다.

처음에는 매뉴얼의 내용과 체계가 부족할 수 있다. 실제 실행 시 나타나는 상황을 정리하고 추가해 가급적이면 완전한 실천 매뉴얼을 갖추도록 한다. 한마디로 매뉴얼은 신입 또는 사내 이동 직원에게 가장 필요한 것으로 경험자나 상사의 업무 지도 및 관리 시간을 줄여주고 인력을 정예화하는 데 활용도가 높다.

매뉴얼 구성 요소를 알아보자. 먼저 시장과 경쟁 환경 면에서는 영업 환경 파악, 사회 트렌드와 시장 변화, 제품 특징과 고객 제공 가치, 가치 포지셔닝(경쟁 제품과 비교) 등을 점검한다. 제공 가치 면에서는 가치의 정의, 소비자 가치 종류, 소비자가 얻는 가치, 소비자 경험 과정과 제공 가치, 자사 제품 제공 가치(제품 특징, 사용 가치, 가치 요소와 실천 전략), 소비자 제공 가치 사례, 경쟁사와 가치 비교(금액 환산 비교) 등을 점검한다. 영업사원의 기능과 업무 면에서는 주요 기능과 업무, 목표 수립과 손익분기 목표액, 시장 조사 활동, 일일 활동 모델, 고객 응대 등을 점검한다.

참고문헌

김난도 외 5명, 『트렌드 코리아 2017』, 미래의창, 2016.

「산업 패러다임 변화에 따른 미래 제조업의 발전전략」, 산업연구원, 2015년 12월.

엠브레인 트렌드 모니터, 「가치소비 경험 및 품목」.

원종필·최통령, 《동아비즈니스 리뷰》 110호, 2012년 8월.

「제조업의 서비스화 R&D 혁신전략」, 과학기술정책연구원, 2015년 9월 15일.

찰스 L. 데커 지음, 김상률·정이찬 옮김, 『P&G의 이기는 마케팅 99』, 김앤김북스, 2015.

「SNS(소셜네트워크서비스) 이용 추이 및 이용 행태 분석」, 정보통신정책연구원, 2018년 6월 15일.

CS 고객가치경영발전단계 블로그, '고객만족마케팅', 2016년 3월 17일. https://neo4434.tistory.com/1706 [비즈니스의 힘]

닐슨코리안클릭

우아한형제들

《이데일리》

《한국경제신문》

IGM세계경영연구원

KT경제경영연구소

제조 서비스화 전략

1판 1쇄 인쇄 2020년 11월 17일
1판 1쇄 발행 2020년 11월 25일

지은이 정영복

펴낸이 최준석
펴낸곳 한스컨텐츠
주소 경기도 고양시 일산동구 정발산로 24, 웨스턴돔 T1-510호
전화 031-927-9279 팩스 02-2179-8103
출판신고번호 제2019-000060호 신고일자 2019년 4월 15일

ISBN 979-11-91250-00-8 13320

무료 진단 컨설팅 상담권
기업 체조 서비스화
옴의 본질 마케팅 연구소
chungock@hanmail.net